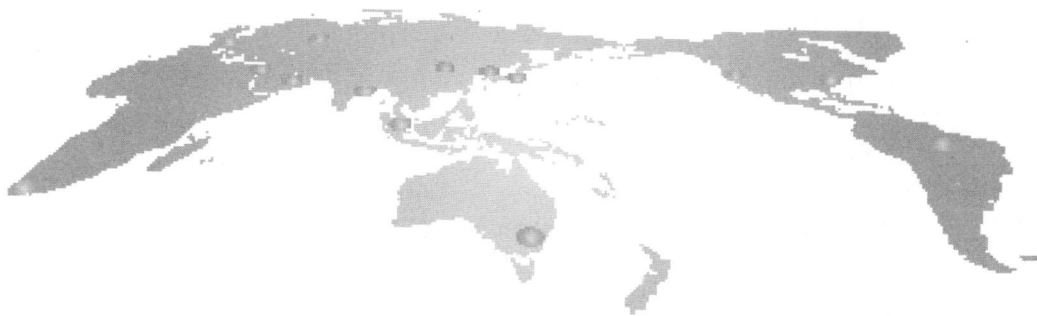

博彩产业经济社会效应及我国的政策选择

The Economic and Social Effects of the Gaming Industry and Policy
Alternatives for the Development of China's Gaming Industry

张增帆◎著

中国商务出版社
CHINA COMMERCE AND TRADE PRESS

图书在版编目（CIP）数据

博彩产业经济社会效应及我国的政策选择 / 张增帆著 .
-- 北京：中国商务出版社，2018.11
ISBN 978-7-5103-2674-5

Ⅰ . ①博… Ⅱ . ①张… Ⅲ . ①博彩业—经济社会学—
研究—世界②博彩业—经济政策—研究—中国
Ⅳ . ① F731 ② F726.952

中国版本图书馆 CIP 数据核字（2018）第 258838 号

博彩产业经济社会效应及我国的政策选择
BOCAI CHANYE JINGJI SHEHUI XIAOYING JI WOGUODE ZHENGCE XUANZE
张增帆　著

出　　　版：中国商务出版社
地　　　址：北京市东城区安定门外大街东后巷 28 号　　邮　　　编：100710
责任部门：教育培训事业部（010-64243016　gmxhksb@163.com ）
责任编辑：刘姝辰
总 发 行：中国商务出版社发行部（010-64208388　64515150 ）
网购零售：中国商务出版社教培部（010-64286917 ）
网　　　址：http://www.cctpress.com
网　　　店：https://shop162373850.taobao.com/
邮　　　箱：cctp6@cctpress.com
印　　　刷：三河市华东印刷有限公司
开　　　本：710 毫米 ×1000 毫米　1/16
印　　　张：15　　　　　　　　　　　字　　　数：200 千字
版　　　次：2019 年 4 月第 1 版　　　印　　　次：2019 年 4 月第 1 次印刷
书　　　号：ISBN 978-7-5103-2674-5
定　　　价：45.00 元

前　言

　　中国俗话"赌为天下第一营生"，是说以赌为业的博彩业是天底下最赚钱的生意。如今，博彩业已成为集住宿、餐饮、演艺、旅游、零售、传媒等多个服务业为一体的娱乐产业，创造着惊人的产值。然而，由于博彩业的诸多负面影响，博彩业历来备受批判和限制，不过近些年来，在博彩业巨大的经济效应诱惑下，许多国家纷纷开赌，这些国家多以我国为目标市场，而我国边境地区更被邻国赌场所包围，博彩业成了他国攫取我国利益的金融工具。从国内情况看，社会博彩娱乐需求强烈，彩票已难以满足民众要求，以致私彩泛滥，屡禁不止，孕育着不小的社会风险。在国际国内双重压力之下，我国不得不重新审视目前的博彩政策，究竟是"堵"还是"疏"？如果放开发展，又该如何选择博彩产品？本书试图回答这些问题。

　　本书运用历史文献法、案例法、问卷法、访谈法、定性、定量等研究方法，利用效应论、博弈论等经济学分析工具，深入研究了博彩业的经济社会正负效应，并结合中国澳门特别行政区、中国香港特别行政区、美国拉斯维加斯、新加坡博彩业的发展成效和启示，论证了我国发展博彩业的必要性和可行性。在此基础上，还分析了我国开拓发展博彩业的政策取向，提出了我国彩票、赛马和赌场的产品策略。具体如下：

　　首先，本书对博彩产业进行了系统化的概述。探讨了博彩业的产生、发展以及在我国的演化过程。为了满足不同时代不同国家人们的娱乐需求，博彩产品应运而生。博彩产品的供给随着社会进步和时代发展，由简单、少量、偶尔供给发展到复杂、多样、高科技供给，如今更是商业化、市场化、产业化供给。一般而言，博彩产品有彩票、赛马和赌场三种形式，本书通过抽象升华，从本质属性上，总结出了它们的共性特征和差异性，以期为博彩产品选择提供依据。三种博彩产品的共性特征为投注权、不确定性、竞争性、娱乐性和负面性；差异性为技巧性、管控难度（安全性）、社会影响力、参与动机、投机机制和分配主导不同。按照产业性质，博彩业属于第三产业，但根据不同的划分标准，细分归类又有所不同，如有的将其划为文化产业，有的则将其划为金融产业等，本书认为博彩业属于娱乐服务业。同时，博彩也是国家第三次分配的工具，是基于道德信念进行收入分配，具有习惯和道德调节效应。此外，本书还分别分析了彩票、赛马和赌场的关联产业和产业链条，为论证其经济效应打下伏笔。

其次，本书构建了博彩业经济社会正负效应的理论模型及评价指标体系。分别从经济正效应，如促进财政收入、创造就业、带动关联产业促进消费、形成乘数效应、促进入口替代（夺回）效应5个维度；经济负效应，如寻租、行业吞噬效应、挤出效应3个维度；社会正效应，如为公益慈善做贡献、缩小贫富差距、促进现代休闲娱乐3个维度；社会负效应，如助长投机心理抑制实体经济、导致违法犯罪、产生问题赌徒或病态赌徒3个维度，总计14个维度深入研究，根据指标体系进行相对性评价、比较，并有针对性地提出了降低博彩业负效应的策略。

再次，本书分析了中国澳门特别行政区、中国香港特别行政区、美国拉斯维加斯和新加坡发展博彩业的基本情况，分别考察了这些地区博彩业的经济社会效应，并总结了他们的成功经验。总体来看，这些地区经济社会正效应比较明显，经济社会负效应均不太明显，换言之，这些成功案例地区，并没有因为开赌而导致严重的社会问题。这为我国发展博彩业提供了有力的旁证依据。当然，他们在博彩立法、设计监管机制方面的经验对我国发展博彩业也有重要的借鉴价值。如制定完备的博彩法律；成立博彩影响监管机构，严格监管博彩业负面影响；对监管者进行监管；等等。

另外，本书分析了我国博彩业所处的现实环境：一是博彩业的世界趋势供不应求，我国内地民众需求也极其强烈；二是我国地下私彩泛滥，屡禁不止，政府控制成本难以承受且收效甚微；三是我国每年巨额赌资外流，经济利益损失严重；四是我国被周边邻国的赌场包围已成"燎原之势"。在此基础上，本书论证了我国发展博彩业的必要性和可行性。必要性体现在四个方面：一是国内的博彩娱乐需求需要满足；二是国家需要博彩业的"第三次分配"功能；三是发展博彩业已成为一种世界趋势，势不可当；四是减少赌资外流，取得经济社会正效应。可行性则体现为：一是我国已具备发展博彩业的经济条件；二是中国澳门特别行政区、中国香港特别行政区的成熟经验以及内地不间断的试点经验积累；三是民众的开赌需求通过全国"两会"转化为政治表达，政治条件相应成熟；四是公众对博彩文化的认同；五是发展博彩在我国风险可控。

最后，本书运用博弈论分析了我国开赌与禁赌的博弈选择，认为我国在博彩政策选择上已经陷入"囚徒困境"，要减少我国的经济利益损失，政府将不得不选择开赌。针对开赌的产品选择，本书把赛马和赌场的经济社会效应进行了相对性评价，结果显示赛马的经济社会效应均为正，赌场的经济效应比赛马要强，但其社会效应为负，按照渐进、谨慎原则，本书认为在产品策略上，赛马要优于赌场。本书还检验了我国彩票业的发展情况，发现彩票业存在一个悖论，即我国彩票业并没有实现其宗旨和理念，原因是购买彩票的人群大多属于低收入阶层，这些本来应被公益福利所关照的对象却在向社会做着公益性贡献。这表明我国博彩业要想实现"第三次分配"功能，就必须通过发展高端博彩产品，以吸引高收入阶层参与。通过博弈选择和实证分析，本书认为：我国目前应该继续做大彩票业，适度发展赛马业，禁止开放赌场。本书的政策建议是：我国内地发展博彩业必须把中国澳门特别行政区、中国香港特别行政区因素通盘考虑，在区域布局上，试点海南，逐步形成博彩业的渐进发展体系；试点武汉，专注于赛马及相关产业链的发展；试点横琴，与中国澳门特别行政区形成互补优势，打造博彩旅游休闲的产业集群。

目 录
CONTENTS

第1章 导 论 // 001

1.1 研究意义 // 001

1.1.1 研究的实践意义 // 001

1.1.2 研究的理论意义 // 005

1.2 文献综述 // 006

1.2.1 概念界定 // 006

1.2.2 国外研究现状 // 008

1.2.3 国内研究现状 // 015

1.3 研究概述 // 025

1.3.1 问题的提出 // 025

1.3.2 研究思路及框架 // 025

1.3.3 研究内容 // 026

1.3.4 研究方法 // 028

第2章 博彩产业概述 // 030

2.1 博彩的产生与发展 // 031

　　2.1.1　博彩的产生及中国博彩业的起源　　// 031

　　2.1.2　博彩的发展特征与新中国博彩业发展　　// 034

　2.2　博彩产品　　// 037

　　2.2.1　彩票　　// 037

　　2.2.2　赛马　　// 038

　　2.2.3　赌场　　// 040

　　2.2.4　博彩产品共同特征和差异性　　// 041

　2.3　博彩产业的性质　　// 044

　　2.3.1　博彩业属于文化产业　　// 045

　　2.3.2　博彩业属于金融业　　// 047

　　2.3.3　博彩业属于旅游娱乐业　　// 047

　　2.3.4　博彩业属于娱乐服务业　　// 048

　2.4　博彩关联产业及产业链　　// 049

　　2.4.1　博彩关联产业　　// 049

　　2.4.2　博彩产业链　　// 051

　2.5　本章小结　　// 057

第3章　博彩业经济社会效应的理论分析　　// 058

　3.1　博彩业的正效应　　// 059

　　3.1.1　博彩业的经济正效应　　// 059

　　3.1.2　博彩业的社会正效应　　// 067

　3.2　博彩业的负效应　　// 078

　　3.2.1　博彩业的经济负效应　　// 078

　　3.2.2　博彩业的社会负效应　　// 080

　3.3　降低博彩业负效应的策略　　// 084

　　3.3.1　加强立法　　// 084

　　3.3.2　完善监管机制　　// 086

3.4　本章小结　　　　　　　　　　　　　　　　　　　// 087

第4章　博彩业经济社会效应的地区经验　　　　　　　// 089

4.1　中国澳门　　　　　　　　　　　　　　　　　　　// 090

4.1.1　中国澳门博彩业概述　　　　　　　　　　　// 090

4.1.2　经济社会效应　　　　　　　　　　　　　　// 092

4.1.3　经验　　　　　　　　　　　　　　　　　　// 094

4.2　中国香港　　　　　　　　　　　　　　　　　　　// 095

4.2.1　中国香港赛马业概述　　　　　　　　　　　// 095

4.2.2　经济社会效应　　　　　　　　　　　　　　// 096

4.2.3　经验　　　　　　　　　　　　　　　　　　// 097

4.3　拉斯维加斯　　　　　　　　　　　　　　　　　　// 098

4.3.1　美国拉斯维加斯博彩业概述　　　　　　　　// 098

4.3.2　经济社会效应　　　　　　　　　　　　　　// 100

4.3.3　经验　　　　　　　　　　　　　　　　　　// 101

4.4　新加坡　　　　　　　　　　　　　　　　　　　　// 101

4.4.1　新加坡博彩业概述　　　　　　　　　　　　// 102

4.4.2　经济社会效应　　　　　　　　　　　　　　// 102

4.4.3　经验　　　　　　　　　　　　　　　　　　// 103

4.5　本章小结　　　　　　　　　　　　　　　　　　　// 103

第5章　中国发展博彩业的必要性及可行性分析　　　　// 105

5.1　世界博彩业的现状和趋势　　　　　　　　　　　　// 105

5.1.1　世界博彩业现状　　　　　　　　　　　　　// 105

5.1.2　未来趋势：供不应求　　　　　　　　　　　// 107

5.2　中国博彩业的现状　　　　　　　　　　　　　　　// 108

5.2.1　需求强烈 // 109

5.2.2　"内忧"：地下私彩泛滥需"疏" // 109

5.2.3　"外患"：巨额赌资流失需"堵" // 111

5.2.4　被周边邻国赌场包围，已成"燎原之势" // 115

5.3　我国发展博彩业的必要性 // 125

5.3.1　供不应求的博彩娱乐需求需要满足 // 125

5.3.2　实现"第三次分配"，缩小贫富差距 // 125

5.3.3　顺应世界博彩潮流 // 126

5.3.4　减少赌资外流，取得经济社会正效应 // 126

5.4　我国发展博彩业的可行性 // 127

5.4.1　经济条件 // 127

5.4.2　经验积累 // 128

5.4.3　政治条件 // 128

5.4.4　博彩文化认同 // 129

5.4.5　发展博彩产业的风险可控性 // 131

5.5　本章小结 // 133

第6章　我国发展博彩业的博弈选择 // 134

6.1　博弈选择 // 134

6.1.1　博弈论 // 134

6.1.2　"囚徒困境"的博弈 // 135

6.1.3　"禁赌"与"开赌"的博弈选择 // 136

6.2　我国博彩业的计量分析 // 141

6.2.1　我国博彩业的宗旨及目标 // 142

6.2.2　以彩票业为例进行计量分析 // 142

6.3　我国博彩产品的选择 // 151

6.3.1　继续做大彩票 // 151

6.3.2　适度发展赛马　　　　　　　　　　　// 152

6.3.3　禁止开放赌场　　　　　　　　　　　// 156

6.4　我国博彩产业的区域性发展思路　　　　　　// 157

6.4.1　把中国香港、中国澳门因素通盘考虑　// 158

6.4.2　试点海南：形成博彩业渐进发展体系　// 159

6.4.3　试点武汉：专注赛马及相关产业链建设　// 163

6.4.4　试点横琴：专注与中国澳门形成博彩休闲旅游产业链群　// 164

6.5　本章小结　　　　　　　　　　　　　　　// 165

第7章　结论与探讨　　　　　　　　　　　　　// 167

7.1　基本结论　　　　　　　　　　　　　　// 167

7.2　创新点与不足之处　　　　　　　　　　// 169

7.3　进一步研究的方向　　　　　　　　　　// 170

附　录 // 172

附录 1　彩票管理条例　　　　　　　　　　// 172

附录 2　《彩票管理条例实施细则》　　　　　// 180

附录 3　《彩票发行销售管理办法》　　　　　// 195

参考文献　　　　　　　　　　　　　　　　　// 208

后　记　　　　　　　　　　　　　　　　　// 222

第1章 导 论

1.1 研究意义

自 20 世纪 80 年代以来,博彩业在全球迅速发展壮大,已成为全球第四大产业[①]。现如今博彩业作为一种拉动型产业,已转型成为集酒店、餐饮、演艺、旅游、交通、零售、媒体等多个服务业为一体的娱乐产业,并以高速增长的态势创造着惊人产值。毋庸置疑,对于希望发展第三产业的国家和地区来说,博彩业具有相当大的吸引力。

1.1.1 研究的实践意义

依据国际分类标准,博彩业通常包括彩票、赛马和赌场。这三种博彩形式,既有共同之处,又有明显差异。

作为幸运博彩的彩票,2009 年其世界总销量达到 2328 亿美元(不包括视频彩票),比 2008 增长了 6%。以地区为单位,非洲彩票销量为 10 亿

[①] According to Global Betting and Gaming Consultants (GBGC),there are 257 jurisdictions across six global regions generating global gross value in 2000–2001of $932 billion.–The 2003 Casino &Gaming Market Research Handbook, P.5,Terri C. Walker Consulting Inc.

美元，大洋洲的彩票销量为 50 亿美元，亚洲和中东彩票总销量为 469 亿美元，欧洲彩票销量为 1169 亿美元，北美洲彩票销量为 630 亿美元（见图 1-1）。2010 年世界彩票总销量增长 6.3%，全年销售总量达到 2475 亿美元。2010 年亚太、拉美和非洲地区彩票销量增长较快，对全球彩票增速贡献较大，与 2009 年相比，增长率分别为 12.5%、21.8% 和 19.4%，欧洲和北美地区增长较慢，其中，欧洲增长 0.2%，北美为 1.9%[①]。2011 年全球主要地区彩票销售比 2010 年又增长了 13%，针对这种增长势头，世界彩协对 2012 年度全球彩票的销售趋势也很乐观。与此同时，中国彩票销量保持高速增长，连续两年增速超过 25%。

彩票产业已经成为世界上许多国家和地区的支柱产业，它在一些发达国家被视为国民经济的第六大产业。

2009年世界彩票销量（单位：亿美元）

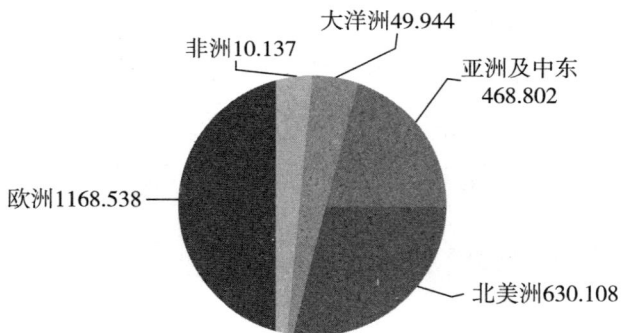

图 1-1 2009 年世界彩票销量及分布

资料来源：中国彩票工作委员会网站 http://www.cncgw.org（2010 年 8 月 9 日）

在中国，自 1987 年首次发行"社会福利有奖募捐券"以来，彩票业已经成为我国社会生活的一个重要内容，2011 年我国彩票收入为 2215 亿

---

① 彩通社：2010 年世界彩票销量增长 6.3%；2011 年将依旧乐观，http://sports.sohu.com/20110402/n280115030.shtml.

元人民币，占第三产业产值比重为 1.1%。曾经被称为"罪恶行业"的博彩业现被称为一个巨大的"黄金产业"。按一般国际经验，彩票销售收入占一国 GDP 的比重可达到 1%~3%，据此估算，2011 年，未来我国彩票销售收入的空间应该在 4700~14000 亿之间。据不完全统计，中国只有 6% 的人买过彩票，而美国这一比例是 85%，法国是 64%，日本是 70%。由此可见，我国彩票市场的潜力远远没有被挖掘出来，中国的彩票业有着广阔的发展空间。

由于博彩业在改善社会福利、扩大就业、增加政府财税收入等方面的独特优势，可以预计，博彩业将成为我国一个新的经济增长点。根据 2010 年 1 月颁布的《国务院关于推进海南国际旅游岛建设发展的若干意见》，我国将在海南探索发展竞猜型体育彩票和大型国际赛事即开型彩票，虽然目前海南彩票业在全国处于较低水平，但是随着新政策的颁布实施，海南很可能试行赛马等竞猜型体育彩票，海南彩票业将因此迎来前所未有的发展机遇。

作为竞技博彩的赛马，其发展与所在国或地区经济水平有关。赛马发达的地区，大多数是经济文化发达的地区。美洲的美国、加拿大；大洋洲的澳大利亚、新西兰；亚洲的日本和中国香港，还有欧洲的英国、法国、爱尔兰。世界上经济、文化越发达的国家和地区，赛马也越是发达。全球有 60 多个国家有赛马和体育博彩产业。赛马是一种高度技巧的博彩游戏，马迷必须有充足的资料并善于思考。赛马能够提供大量就业岗位、增加政府收入、改善公共福利，是博彩产业的一个重要分支。赛马产业较为繁荣的英国，就通过赛马业提供了两万两千个全职或兼职的就业机会。中国香港的赛马业所缴纳的巨额税款（政府收入的 8% 来自赛马）使得中国香港能长期实行低税制。赛马博彩已经成为一种世界趋势。

赌场博彩是所有博彩活动中投资回报率最高、社会影响最大、最引人争议、负面影响最多的行业。尽管赌场业受到人们的歧视，但在过去十多年里世界的赌场数量却大幅度增加，赌场收入也迅猛增长。目前全球近200个国家中，160多个国家设有赌场，即使亚洲地区，也有17个国家已经开放，其中包括一向给人以保守印象的新加坡。2010年2月14日大年初一，新加坡第一家赌场——"圣淘沙名胜世界"开业，同年4月29日新加坡政府又向来自美国拉斯维加斯金沙的新加坡滨海湾金沙赌场发放第二张赌牌，新加坡政府预计，这两家赌场能够使新加坡GDP增加1个百分点，增加3.5万个就业岗位。事实证明，经过近一年的发展，博彩业吸引了大量境外游客，2010年新加坡入境游客突破历史记录，达到1160万人次，由于消费刺激带动，2010年新加坡经济增长14.7%，一举扭转了2009年经济负增长1.3%的颓势，经济增速位列亚洲第一。更有预测认为，2012年新加坡博彩业有望赶超拉斯维加斯。新加坡大力发展博彩业的成功经验将对亚洲其他国家形成压力，促使其他国家仿效竞争。2009年我国老牌赌城澳门又有四间大中型娱乐场开张，使澳门的赌场数达到了33间。2009年1月我国台湾通过了《离岛建设条例》，赋予了我国台湾离岛地区发展博彩业的权利，我国台湾地区开赌已成定局。与此同时，菲律宾、越南、韩国的博彩业也快速发展，亚洲特别是东亚区域国家的博彩收入逐年攀升。在北美地区，美国内华达州1931年就实施了赌场合法化，1978年大西洋城获准开赌，在经济利益刺激下，各州展开了一场开赌竞赛运动，如今，在美国51个州和特区中，只有夏威夷和犹他州两州禁赌。受美国影响，加拿大的博彩业发展迅猛，目前加拿大已有一半省份有赌场或彩票。在欧洲地区，无论是传统老牌的摩纳哥和德国，还是后起之秀的法国、英国、意大利，博彩业都得到了较快发展。在大洋洲，澳大利亚和新西兰现在也分别有13家和6家赌场。综观全球，赌场业在全世界都有较快发展。

但是，在看到博彩业带来巨大社会经济利益的同时，我们也应清醒地认识到博彩业带来的负面影响是客观存在的。长期以来，博彩业[①] 被视为赌博，是与毒品、色情等一样的社会罪恶，受到人们的批判和世界上不少政府的严格限制。

因此，选择对博彩业，特别是分博彩产品类型（彩票、赛马、赌场）进行经济社会正负效应研究，以探讨可否发展博彩业、如何发展博彩产业具有重要的现实意义。

1.1.2 研究的理论意义

众所周知，传统国际贸易理论大多是研究有益产品的，但博彩业是个例外。在全球博彩领域，不管是开赌国还是禁赌国，世界上所有国家都是博彩市场的参与国。不同之处在于：禁赌国是"世界博彩服务贸易"的进口国，开赌国是出口国。开设赌场天然具有损人利己的特性，开赌国对禁赌国具有负外部性，也就是一种外部不经济。

回顾博彩历史，正如《世界彩票协会章程》所述："人类对于博彩的喜爱历史几乎与人类自身的历史一样长。"博彩大概是人类最"无政府"的古老行为，博彩以它独特的魅力给不同时代的人们带来无数的惊喜与失望。博彩是人类历史上迄今为止流传最久的娱乐游戏，成为了社会大众喜闻乐见并积极参与的社会活动。然而，随着博彩业商品化、产业化的快速发展，博彩业已经成为世界上最"有政府"的产业之一，一个受到政府严格管制、操纵和利用的产业[②]。由于博彩活动可能带来的负面效应和不良影响，世界上许多国家和地区多次将其列为禁区，即便开放博彩活动，也对其严格管制，限制博彩活动区域、限制博彩活动参与人身份、限制博彩活动类型、

---

① 博彩不同于赌博，赌博是以营利为目的，是赌博罪的主观要件。本书所说海南博彩业，是以为游客提供休闲消遣活动、促进旅游业发展为目的。

② 王五一：《世界赌博爆炸与中国的经济利益》，经济科学出版社，2005 年第 1 版，第 7 页。

博彩的金额和数量等。随着人类社会的发展，科学技术的进步，各种新方法、新材料、新技术、新设备的广泛应用，博彩行业不断与时俱进，博彩游戏玩法品种、博彩方式方法也发生着日新月异的变化。因此，本书尽可能用最新的经济理论解释这一行业，不拘泥于已有的研究成果。

在我国内地唯一合法的博彩产品——彩票，起步较晚，并且国内学者对彩票的研究并不丰富，从经济学角度研究彩票的著作更是少见。对于彩票经济学的研究还没有形成一个完整的理论框架，一些相关的理论往往散见于商品市场理论和管制理论等论述中。在前人研究的基础上，本书对博彩业的经济社会效应创造性地提出 14 个评价维度，并结合博彩业内部产品结构和实践案例国家或地区的外部影响进行相对性评价，具有重要的理论意义。

1.2　文献综述

尽管博彩业的研究跨度较短，研究的范围较窄，但国内外仍有一批重要的研究成果值得参考和借鉴，本节将界定概念，并综述国内外的相关研究成果。

1.2.1　概念界定

1. 博彩产业

何谓博彩？"博"，有赌博之意；"彩"，有彩头之意，博彩是指赌博、摸彩、抽奖一类活动。[①] 在中国，"博彩"一词首见于澳门政府 1982 年 5 月公布的法令中，中国澳门特别行政区的博彩法律中对"幸运博彩"的定

---

① 中国社会科学院语言研究所词典编辑室：《现代汉语词典》，商务印书馆，2005 年第 5 版，第 105 页。

义是："结果系不确定而博彩者纯粹或主要靠运气之博彩。"①

何谓赌博？《现代汉语小词典》中释义为："用斗牌、掷骰子等形式，拿财物作注比输赢"②。《辞海》中赌博释义为："用财物作注来比输赢"③。"赌博"一词在汉语中有上千年的历史了，英语中的"gambling"一词也是历史悠久，二者的含义以及褒贬色彩几乎一模一样。毋庸置疑，它们在各自的文化中都代表着声名狼藉。随着赌博业的发展，人们为它取了一个好听的名字，于是发明了汉语中的"博彩"，英语中的"gaming"。但是，由于赌博在中国的历史传统中是贬义词，所以，中国主流意识形态自古就认为赌博是"恶业也"（《史记·货殖列传》），"兼行恶道"（《孔子家语》），是"五不孝之一"（《孟子·离娄章句下》），并有"儒者不博"的说法。正如中国老话"万恶赌为首"，所以人们谈"彩"兴奋，谈"博"色变，中国历朝历代政府都禁止赌博。从1987年我国开始发行福利彩票，1994年开始发行体育彩票，"赌博"被翻译成英文中的"gambling"，"博彩"翻译成英文"gaming"，合法的赌博行为通常被称为"博彩"，赌博则被贴上违法的标签。有学者④认为，"博彩"只是用词更委婉，"赌博"和"博彩"指的都是同一种活动，两者的内涵和外延完全等同，"博彩"一词只是为了迎合赌博合法化的进程，但却折射出时代、文化和人们认识上的深刻变革，反映了人们的心态和社会环境的变化，人们更乐于接受"博彩"一词，至少不会引起反感。同时符合博彩的历史原意，符合词典上对于博彩的解释，并非生造词汇。

事实上，在绝大多数国家的语言中，"博"与"彩"同宗同源同义。在英语中，赌博和博彩都是同一个词：gamble 或 gambling。美国纽约州的

---

① 澳门16/2001号法律：《订定娱乐场幸运博彩经营法律制度》。

② 中国社会科学院语言研究所词典编辑室：《现代汉语小词典》，商务印书馆，1980年6月第1版，第123页。

③ 《辞海》，上海辞书出版社，1999年版，第1741页。

④ 曾忠禄：《全球赌场扫描》，中国经济出版社，2010年版，第1页。

刑事法典对赌博的定义是：如果一个人将有价值的某物用于对凭运气的比赛结果或未来的或然事件下注或冒险，并根据一定的协议或理解在一定的结果情况下得到某种有价值的东西，比赛结果或未来事件不是在其控制或影响范围之内的，那么这个人就是在赌博①。美国田纳西州法典对赌博的定义更简单一些："赌博是将任何有价值的东西冒险以获得利润。利润的获得完全取决于偶然性。"②这三个定义概括了赌博活动的三个要素：涉及金钱或者其他有价值的东西，涉及奖品（回报），结果是由偶然性决定的。这三个要素成为判断一项活动是否是赌博的标准。

2. 经济社会效应

效应（effect），是指在有限的环境下，某些因素和某些结果之间构成的因果关系。经济学上的效应在英文中对应的是 utility，是指当事人针对某一事件的期望值表现出来的满意度。是商品或行为满足人的欲望的能力评价，本书的效应是 effect，是指作用及影响评价。社会经济效应，在本书里分解为经济效应和社会效应，经济效应又分解为经济正效应和经济负效应，即对经济的正面影响和负面影响；同样，社会效应又分解为社会正效应和社会负效应。

1.2.2　国外研究现状

如果把 20 世纪 70 年代内华达大学 Bill Eadington 的博士论文看作博彩经济学的开山之作，那么人们对这个领域的研究已有近四十年的历史。但迄今为止，关于博彩经济的经典文献并不多见，其中《博彩经济学》③是一

---

① New York State Consolidated Code, Penal Section 225.

② Section 37-17-501（1）of Tennessee Code Annotated.

③ Leighton Vaughan Williams. *the Economics of Gambling*, Routledge Taylor & Francis Group, 2003.

部比较系统、全面地介绍博彩经济的著作,《博彩产业：引介与观点》①《博彩行业：经济及管理问题》②《赌场博彩经济学》③ 等分别从某一视角研究博彩经济，均有较高的文献价值。

目前，全球已成立很多博彩专门研究机构，并形成了大量研究成果，如美国内华达大学雷诺分校的赌博与商业博彩研究所，美国内华达大学拉斯维加斯分校的博彩研究中心、英国修尔福德大学博彩研究中心等。不过，截至目前，全世界仅有五所大学设有博彩业管理专业。就行业发展来讲，美国实力最强，美国内华达大学酒店管理学院开设博彩管理科学课程，并授予学士学位，内华达大学拉斯维加斯分校酒店管理学院于 2006 年在新加坡建立了首座海外校园，为新加坡提供观光博彩专业大学四年制人才培养。

在学术研究方面，Journal of Gambling Studies 是被 SSCI 收录的研究博彩的学术期刊。其他经济管理类期刊涉及博彩业的很少被 SSCI 收录。值得一提的是，1994 年美国内华达大学《内华达大学博彩研究与评论学报》（*UNLV Gaming Research and Review Journal*）创刊,2001 年该校又创立《国际博彩研究》（*International Gambling Studies*）学术刊物，作为专业性较强的月刊和季刊，每期载文也不过十余篇，由此可见，全球关于博彩业的有价值的研究成果相对还比较少。

1. 博彩经济学理论研究

早在 20 世纪 70 年代，T.F.Cargill 和 W.R.Eadington（1978）通过分析美国内华达州三个重要经济区的博彩收入情况，发现其博彩收入的时间序列特征，并预测未来的博彩收入。

---

① John Wiley & Sons. *International Gaming Institute*, *the Gaming Industry*.William F. Harrah College of Hotel Administration University of Nevada, Las Vegas, 1996.

② William R. Eadington, Judy A.*Cornelius the Business of Gaming:Economic and Management Issues*. High Mountain Imagery Crystal Bay, 1999.

③ Douglas M. *Walker the Economics of Casino Gambling*. Springer, 2007.

Ron Depolo 和 Mark Pingle（1997）在研究了 1945—1995 年内华达州的博彩收入和税收情况后，发现该州在 20 世纪 70 年代后经济繁荣期博彩业却发展缓慢、增长率较低，究其原因，是受美国其他州博彩合法化的影响。

2003 年在美国出版的 Leighton Vaughan Williams 主编的《赌博经济学》（"the Economics of Gambling"）一书，比较系统地研究了世界博彩业的发展历程和未来前景，此外，该书还分析了博彩业对整体经济带来的宏观经济效应。

2008 年由美国佐治亚大学经济系教授 Douglas M.Walker 主编的《博彩经济学》（"the Economics of Casino Gambling"），总结了他过去十多年的研究成果，分析了赌场合法化后可能带来的经济收益，以及赌场合法后可能付出的经济成本。

2010 年 5 月出版的《博彩服务的国际贸易》是 Madalina Diaconu 主编的关于博彩服务贸易的专著。书中列举了服务贸易总协定（GATS）、经合组织（OECD）、欧盟（EU）、欧洲自由贸易联盟（EFTA）、北美自由贸易协定（NAFTA）、多米尼加共和国 – 中美洲自由贸易协定（DR–CAFTA）、南方共同市场（MERCOSUR）、东盟（ASEAN）框架下的博彩服务。

另外，在一些有关博彩业管理的教科书中，如由美国 Denis P. Rudd & Lincoln H. Marshall 编写的《赌场与博彩运营介绍》（"Introduction to Casino & Gaming Operations"）和另外三位美国学者 Kathryn Hashimoto，Sheryl Fried Kline 和 George G. Fenich 编写的《赌场管理——过去、现在与将来》（"Casino Management/Past——Present/Future"）都分别有"博彩经济学"（Economics of gaming）一章，其内容也都是分析博彩业对整体经济的影响。

2. 博彩产业对经济和社会发展的影响研究

针对博彩产业对经济和社会发展的影响，欧美学者进行了大量的研究。总体来看，这些研究立足外部评价和影响、内部结构和发展因素以及经济社会成本三个视角。

（1）从外部评价和影响视角

Newark，N. J. Touche Ross & Co.（1987）合作研究报告是受大西洋城赌场协会委托，研究关于新泽西州博彩产业对经济的积极影响。通过许多图表分析博彩业对就业率、旅游业、财政收入、财产税的影响、赌场收入资金的使用以及赌场管理的成本。其结论是：博彩业是新泽西州主要的就业渠道之一；它已为州、县、市和联邦政府创造了数十亿美元的财政收入；许多收入已经被用于提高新泽西州老年人和残疾人的服务水平；博彩业资助的项目已远远超出了它的计划。

Thompson，William Norman（1993）分析了美国博彩合法化运动的影响因素，认为美国发展博彩业的最重要因素是 20 世纪 80 年代后期的经济下滑以及由此导致的州政府和地方政府财政困难。他当时预测 20 世纪末赌场将遍布美国的每一个角落。

Memphis，Tenn.（1994）提出博彩业的前景是博彩税收将大大增加政府的财政收入，并假设这些钱将被用于改善人民生活，建立公园，提高社会治安，使供水系统现代化等。但是，事实上，这些财政预期并不总能得到满足。他强调，政府应该起草法律确保博彩产业成为一个不受限制的商业产业；并探讨了未来的博彩业能否发展壮大的决定因素：赌场经营者必须支付改善赌场基础设施的费用；订立合约确保公众的钱被全额偿还；给那些雇佣当地劳动力、购买当地产品和服务的赌场经营者以照顾；赌场经营者、政府官员和私人开发商必须共同合作。

Gould，Mustard &Weinberg（1998）认为博彩业能提高当地居民的就业率，提高低素质就业人员的薪酬，在一定程度上能够帮助减少当地的犯罪率，因为赌场对工作人员的学历要求向来不高，通过提供培训，创造就业机会，自然就可以降低罪案发生的数量。Crogger（1997）也认为博彩业增加就业，提升了当地的工资水平，有助于减少当地的犯罪。

博彩研究中税收和就业问题一直是研究的主要对象。Gargill &

Eadingon（1978）对拉斯维加斯 1955—1974 年之间的季度博彩收入进行时间序列分析，发现季节性因素和经济周期因素对博彩收入的冲击并不明显。这说明博彩业是一个非常特殊的行业，并不像别的行业因为遭受宏观经济的影响而减少收入。

Ron Depolo & Mark Pingle（1997）讨论了内华达州 1945—1995 年间的博彩收入，发现博彩业占整体税收的比例在整个（20 世纪）70 年代处于最辉煌的时刻。但是进入（20 世纪）80 年代以后，人均博彩收入、博彩收入占总体财政收入的比例都逐年下滑。这说明内华达州的财政收入结构已经发生了巨大转变，博彩业并不是内华达州的唯一主要收入来源。博彩业推动当地经济发展的作用明显减弱，一方面是因为美国其他州都发展博彩业，内华达州不再具有垄断的优势，另一方面也有内华达州将产业多元化发展的原因。

Anders，Siegel 和 Yacoub（1998）分析了亚利桑那州某一郡的印第安式赌场（Indian Casinos）对交易税收的影响。他们发现当赌场引进之后，零售业、住宿、酒吧、餐厅及娱乐业所缴的税，明显减少了许多。Anders 和 Siegel（1999）调查密苏里州引进水上赌船（riverboat）的营业税收入，他们发现，总体来看，总税收并未受影响，但来自某特定娱乐业的税收降低了。Popp 和 Stehwien（2002）调查了新墨西哥州某一郡的税收，发现赌场在该郡对税收有负面影响，但是相邻郡的赌场效应却很奇怪，第一赌场对郡县产生负影响时，第二个赌场却是正影响。

（2）从内部结构和发展因素视角

Davis，Filer Moak（1992）着重于研究产业内的关系，他们调查并分析了一个州彩券税收的决定因素，他发现在其他因素不变的条件下，该州的彩券税收与州内的合资彩票机构数量负相关，与相邻州发行的彩券额度负相关。

Eadington，William R.（1992）认为整个美国各种形式的博彩游戏正在不断增加，并且都与内华达的博彩游戏相同。他认为为了保持视频彩票、印第安人赌场、赌船、城市赌场和采矿小镇赌场，内华达州的主要旅游胜地必须提供休闲娱乐供给的数量和质量。他预言拉斯维加斯商业区的赌场和老城区的赌场将面临很大衰退，而雷诺的命运则取决于它吸引用于扩大规模和发展市场的资金的能力。如果加利福尼亚视频彩票或赌场合法化，内华达州的博彩业将会受到很大的影响。

Economics Research Associates（1994）经济学研究协会分析了芝加哥三种博彩游戏可能的位置和博彩活动潜在的顾客市场。Metropolitan Structures and the Whitman 公司做了经济收益研究，得出的结论是 Illinois Center 的位置是其最大优势，因为它能吸引更广范围的更多游客。超过 300 英里外来的游客将会花大量的钱用于酒店住宿、餐饮、购物、文化娱乐以及其他喜闻乐见的东西，增加了项目的经济收益。

Goodman（1995）认为博彩合法化的顺序尤为重要。他认为政府发展博彩业是因为企业面临经济危机，大量裁员，希望通过博彩合法化来创造当地就业岗位，带动经济发展。但是，如果以为开了赌场就可以达到拉斯维加斯和大西洋城的效果，那就显得有些不切实际。因为博彩业是一种"出口垄断经济"。早期美国只有拉斯维加斯可以合法赌博，所以到拉斯维加斯的游客都会光临赌场消费。但是，当美国的很多州开设赌场后，这就意味着供给增加，博彩市场就会由卖方市场转为买方市场。所以，博彩业市场的饱和也会导致市场竞争日趋激烈。允许开放博彩业的州很难会成为第二个内华达州。另外，由于要预防赌场带来的问题赌徒和治安问题，州政府的财政负担也会相应加重。

Eadington William R.（1996）认为州政府可以很好地监督赌场运营。现在的赌业集团早已完全商业化运作，具备良好的公司治理结构，所以博彩业能够迅速得到发展。同时，他强调民众比以前更能接受博彩，认为某种适度的赌博能起到休闲娱乐的作用。由于市场竞争日趋激烈，许多地方政府纷纷在本地发展博彩业，这样就使得赴外地赌博的人数大大减少。通过在本地发展博彩业，当地政府不但能增加税收，而且也能降低为外地赌场承担的社会成本。

Kearney（2002）通过实证分析的方法估算预期效应函数。结论发现美国民众对彩票的热衷并不是因为对风险的偏好，而是仅仅因为它的娱乐性。

Mikesell（1994）以美国33个州1983—1991年33个季度的人均季度彩票购买量为因变量，以失业率、人均收入等为自变量进行了回归估计。结果表明，人均收入和失业率分别与人均彩票购买量显著正相关。

Price和Novak（1999）分别利用美国得克萨斯州1994年乐透型、数字型和即开型彩票销售收入的截面数据，研究了不同邮区人均彩票购买量与当地人均收入、人均教育年限、其他彩票人均购买量等自变量的关系。结果表明，收入或者教育水平与乐透型彩票销售正相关，与即开型彩票销售负相关，与数字型彩票销售关系不明显，并且三种彩票互为互补品而非替代品。

Garrett（2001）考察了1997年全球82个国家（地区）人均彩票购买量与该国（地区）人均收入的关系，结果发现，人均收入与人均彩票购买量显著正相关。

Ozorio & Fong Ka Chio（2004）则探讨了华人在赌博和投资两个领域中的风险偏好。他们在中国澳门赌场完成了302份问卷调查，其中内地受访者占46%，中国澳门受访者占39%。结论显示，赌客在赌博的时候更偏好高风险，而且在赌博和投资这两个领域内，赌客的风险偏好呈明显正相关关系。这是因为华人更偏爱快速的利润所得。随着博彩业的普及，病态赌徒的情况会有所增加。对赌博心理方面的研究，可以说主要是为了对问题赌徒的预防和治疗，减少因为发展博彩业所带来的社会成本。

John Anderson（2005）分析了各州税收政策对博彩业的影响，探讨了州政府开设不同税目和费用的意图。发现灵活的税费制度不但可以保证政府的税源，同时也可以专款专用，投入预防和治疗病态赌徒，推广旅游，保护文化古迹等各个项目。

（3）从经济社会成本视角

Goodman Robert（1994）对博彩业对经济的影响进行了批判，因为大多数研究夸大了博彩业的收益而低估了它的成本。他悲观地认为人们对博彩业的社会成本和收益缺乏重要的、客观的认识。他也担忧随着州政府变得更加依靠博彩收入，他们将扩大博彩业并创造一个松散管理的政治螺旋体。印第安人赌场，短期看来是颇有收益的，但是它面临着法律的挑战，长期来看，它的生机是无法保证的。虽然对怎样提高和管理博彩业提出了尖锐的批判，但是他还是提出了一系列改善和调控该产业的建议。

Perdue, Long & Kang（1999）则研究了博彩旅游业对当地居民生活质量的影响。因为赌场吸引了大量游客，所以城市的公共设施和交通会不堪重负，进而造成环境污染。虽然短期内经济在快速增长，但是民众的整体生活质量却在下降。因此，他呼吁发展博彩业的同时，要更多地关心居民的生活质量。

Rohel（1999）发现拉斯维加斯居民对博彩合法化造成的社会成本存在不同看法。其中，学历较高，居住在城市的居民认为付出了较高的社会成本。调查发现，社会成本的感受度和居民生活质量的感受度负相关。

综上所述，国外研究博彩产业主要通过博彩产业的内部因素与结构、外部评价和影响以及经济社会成本这三个视角，对本书的启示是：将博彩产业的内部结构探讨和外部经济社会效应评价相结合，在研究视角上具有创新性。

1.2.3　国内研究现状

长期以来，中国从事博彩研究的机构相对较少。2002 年 7 月北京大学成立了中国公益彩票事业研究所，2005 年 3 月河南财经学院成立了"彩票研究所"，2007年4月上海师范大学金融学院成立了彩票研究中心，2008年1月广东商学院在华南地区率先成立了彩票研究中心。2009年7月北京师范大学成立中国彩票事业研究中心，2009年12月"中山大学——澳门理工学院博彩研究中心"成立。此外，对于彩票专业人才的培养，除了北京大学中国公益彩票事业研究所招收在职研究生班（MPA），中国福利彩票发行管理中心与北京理工大学合作共同开设福利彩票EMBA研究生班外，2012年6月北京师范大学又成立了国家彩票发展研究院培养彩票硕士，还有2010年9月北京社会管理职业学院开设了彩票营销与管理专业，培养彩票营销管理人才，前两所院校主要针对专业人士，培养中、高层彩票管理人才，包括正在从事相关专业以及想借此机会进入彩票行业的人士。长沙民政职业技术学院、济南大学民政学院、重庆社会工作职业学院、武汉民政职业技术学院在专科层次开设了一些有关福利彩票的课程。辽宁省民政学校、河南省民政学校、福建省民政学校、江西省民政学校、广东省民政学校则在中专层次开设了一些有关福利彩票的课程。此外，在博彩学术交流方面，北京大学和澳门理工学院先后承办了八届博彩产业国际学术研讨会，在北京彩票行业举办了多期中国彩票行业沙龙会，探讨博彩业的现状和发展趋势。

此外，2007年11月我国台湾地区第一个博彩研究中心在台湾科技大学正式成立、2008年台湾大学成立了博彩研究中心、香港博彩研究中心等。当然，作为著名的博彩业之都，中国澳门高校通常都设置了博彩相关专业，包括澳门大学、澳门理工学院、旅游学院、澳门科技大学、澳门镜湖护理学院及亚洲（澳门）国际公开大学等。2009年澳门大学和澳门科技大学首次在内地招收博彩业管理专业本科生。中国澳门特别行政区回归后，由特别行政区政府牵头，由澳门理工学院和澳门旅游学院成立了澳门旅游博彩技术培训中心，中国澳门特别行政区的多所大专院校都设立了博彩的学术研究机构或聘请了专职人员，如澳门大学的博彩研究所、澳门理工学院社会经济及公共政策研究所等。目前在中国澳门特别行政区进行博彩教育的内容大致可分为：高等教育、专业培训和专业文凭三大类[1]。高等教育部分主要是由澳门大学博彩研究所、澳门科技大学国际旅游学院及澳门理工博彩教学暨研究中心所提供的学士学位，以及澳门中西创新学院所提供的副学士学位，课程内容较偏重博彩知识与理论。此外，还有博彩机械维修专科学位。将来还可能增设博彩研究硕士、博士学位课程。专业培训部分，政府资助的澳门理工博彩教学暨研究中心（前澳门旅游博彩技术培训中心），以市场需求为导向，为博彩业培养人才，并开展相关科研工作。民间机构澳门幸运博彩职工总会[2]，协助解决青年及中年失业问题，并通过入职博彩业，改善市民的生活质量，课程以技术性为主。专业文凭部分，有澳门大学博彩研究所提供的赌场管理文凭，以及澳门中西创新学院的博彩旅游业专业文凭，主要为澳门博彩业培养高素质之初级至中级管理人才，提供现职之博彩工作者进修的通道[3]。

2003年8月，北京大学中国公益彩票事业研究所与澳门理工学院签订了《博彩研究合作备忘录》。按照这份备忘录，两校将建立博彩研究资料共享制度，设立博彩研究专项基金，联合申请经费，进行博彩学位教育，打造职业培训基地。

2003年澳门大学开办博彩管理学学位课程，与此同时，澳门大学与美国的大学达成了合作意向，由美国大学派教授到澳门大学为师生授课，而澳门大学将派其教师到美国大学访问学习[4]。在我国台湾地区，台湾科

---

① 梁容："初探影响博彩教育成效之因素"，《2010 公益事业与彩票产业国际学术研讨会文集》，第 193 页。

② 澳门幸运博彩业职工总会网页为：http://www.mgila.org.mo。

③ 方佩欣："澳门博彩产业教育与人力资源管理之研究"，台湾师范大学体育学系 2008 年硕士学位论文。

④ 朱大刚、田言付、余燕伶："海南博彩业发展的机遇与挑战"，《2010 公益事业与彩票产业国际学术研讨会文集》，第 311 页。

技大学于 2007 年 11 月成立了"台湾彩券与博彩研究中心",召开了相关国际研讨会,并邀请美国内华达州博彩研究中心主任做报告。该中心将在我国台湾地区开展博彩研究与人才培训工作,并开展相应的国际交流与合作。

1. 博彩经济学研究

张湛彬[①](2001)的《博彩业与政府选择》是国内第一部系统论述博彩与政府关系的著作。著作分 10 个部分,探讨了博彩业的发展与政府的政策选择。

王瑞军[②](2006)运用制度理论、风险与不确定性理论、效应论以及机会成本等经济学理论或分析工具,对中国博彩业的现状及原因进行多角度分析。在此基础上,提出了对博彩业的准确定位、适度规模、规范管理和安全高效的资金使用等具体措施和制度安排。

王薛红[③](2008)对国内外彩票业的特点及发行体制、法律规范等进行了比较,就中国彩票业的法律制度、监管体制进行了理论分析并提出了政策建议。同时,她还分析了世界赌场业的发展特点与趋势,并从博弈论的角度对我国开放娱乐场(赌场)进行了理论分析,提出了具体的政策建议。

刘玉和詹兴永[④](2008)运用行为经济学的理论分析彩民的行为,研究体育彩票购买者的消费心理,为我国体育彩票业发展提出了积极的建议。

金世斌[⑤](2009)研究了博彩消费者的消费心理和消费行为,对人们参与博彩活动的种种原因,进行了合理的解释。

---

① 张湛彬:《博彩业与政府选择》,中国商业出版社,2001 年 5 月。

② 王瑞军:"中国博彩业的现状及其经济学分析",《内蒙古师范大学学报(哲学社会科学版)》,2006 年 9 月。

③ 王薛红:《博彩业发展与中国政府政策选择》,中国财政经济出版社,2008 年 10 月。

④ 刘玉、詹兴永:"体育彩票消费者行为的前景理论研究",《四川体育科学》,2008 年 1 月。

⑤ 金世斌:"我国非法博彩的现状与治理对策",《2009 年博彩产业与公益事业国际学术研讨会及高层论坛研讨会论文集》,2009 年 12 月。

白彩梅，王树明，马文飞[①]（2010）认为认知偏差不仅影响博彩业的健康发展，而且影响社会稳定。他们研究了体育博彩中种种认知偏差对彩民消费行为的影响，为此提出了对策。

王五一[②]（2011）从微观经济学的视角切入，以博彩价格理论为核心，把赌场劣势作为最核心的价格要素，把赌客的赌博下注看作一种投资活动，即博彩价格就是一种金融价格或预期收益。他认为博彩价格的双重性源于博彩产业的双重性，博彩业是一种兼具消闲服务业与金融业两栖特征的产业，由于博彩业的"两栖性"，博彩税也是一种具有两栖性的税种，很像间接税，但它又属直接税，博彩业的特殊产业性质决定了它必须承受着比其他产业更为严厉的监管，而严厉的监管决定了博彩市场不是一个自由的市场，进而决定了博彩市场的特殊运作方式。

2. 彩票市场、销售的相关研究

截至2011年底，我国已累计销售了10950亿元的彩票，彩票在我国成了一个举足轻重的产业。彩票收入的快速增长，引起了众多专家学者的关注，21世纪以来，关于彩票的研究成果陆续呈现。

孙晓光等（2004）研究发现，GDP总量是影响我国彩票销售收入的主要因素，而居民人均收入对彩票销售收入的影响很小。

李刚（2006）从"横向""纵向"和"面板"三个角度研究了福利彩票和体育彩票人均购买量的影响因素，研究发现，福彩与体彩之间并没有显著的替代效应，我国低收入者是彩票的主要购买群体，另外，人均彩票销量与人均收入负相关。

陈华（2006）运用数理统计法等研究方法，对广州足彩市场的影响因素进行分析，认为奖额越大，返奖率越高，投注方式越便捷，人们购买彩

---

① 白彩梅、王树明、马云飞："基于行为经济学视角下的体育彩票消费者的认知偏差研究"，《南京体育学院学报（社会科学版）》，2010年3月。

② 王五一：《博彩经济学》，人民出版社，2011年2月。

票的欲望就越强烈，销售网点仍旧是彩票销量的基本保障。

廉向军（2006）利用 1988—2004 年我国有关彩票销售数据进行了最小二乘法回归，发现我国彩票销售收入分别与经济发展水平和彩票品种数量正相关。

贾晨等（2009）应用多元回归方法，分析了我国各省份福利彩票销售额与国民经济、生活水平等之间的关系，发现福彩销售额分别与国内生产总值和城镇人口百分比正相关，而与农民纯收入负相关。

武永胜[1]（2000）认为，按照传统的经济学理论，人都是风险规避型的，而在现实社会，人们踊跃购买彩票的行为则对风险规避理论提出了一定的质疑。他运用经济学理论对中国彩票市场及消费者购买彩票的行为进行分析，认为居民的风险规避与风险偏好是相对的，在绝对的可以接受的风险控制范围内，他们愿意做一次风险投资，进而会改进其效应函数。

张湛彬[2]（2001）从需求与供给理论出发，分析彩票需求，主要从个体需求、群体需求和社会需求来分析，对于彩票供给，主要从短缺供给、适度供给来分析，他认为各国政府会在保持社会控制能力和发展社会公益福利事业中反复博弈。

费鹏和屠梅曾[3]（2002）从传统微观经济学原理着手，运用消费者行为理论并结合决策效应理论对彩票的消费行为进行了分析。

倪云虎和余成波[4]（2005）从行为金融学的角度审视彩票消费者行为，利用累积前景理论模型来分析彩票消费者行为，认为风险偏好可以影响彩票消费者购买彩票的数量，但不能成为决定消费者是否购买的唯一变量，消费者购买彩票主要是因为高估了中奖概率。

---

[1] 武永胜："彩票的经济学分析"，《河北经贸大学学报》，2000 年第 6 期。
[2] 张湛彬：《博彩业与政府选择》，中国商业出版社，2001 年版。
[3] 费鹏、屠梅曾："彩票的消费者行为分析"，《科学·经济·社会》，2002 年第 3 期。
[4] 倪云虎、余成波："彩票消费者行为分析"，《商业时代·理论》，2005 年第 14 期。

曾忠禄和张冬梅[①]（2006）首先研究了广州市彩票消费者的消费特征，然后提出为了我国彩票业健康快速发展，必须对有病态赌徒倾向的彩票消费者加以关注。

张湛彬[②]（2001）认为，彩票市场不同于其他产品市场，因其具有的特殊性决定了它的独家垄断比寡头垄断更有绩效。事实上，目前我国彩票发行是寡头垄断发行。由于是国家特许发行福利彩票和体育彩票，彩票市场发行具有寡头市场特点。

朱彤和余晖[③]（2005）认为彩票产业形成间接竞争态势是比较理想的市场结构。他们分析了彩票产业特征与彩票监管的关系，提出了我国彩票市场建设的方向和彩票管理体制改革的目标模式。

淦未宇、仲伟周和徐细雄[④]（2006）从中国彩票发行中出现的诸多违规案件、发行量偏低以及某些地区私彩泛滥的现实出发，揭示了彩票发行市场结构效率的重要性；进而从中国彩票发行市场结构的彩票品种完全竞争性、发行机构寡头垄断性、主管机关完全垄断性入手，剖析了中国彩票发行市场混合型治理结构导致的市场无效率，即完全竞争导致的资源浪费、寡头垄断引发的恶性竞争、完全垄断产生的官僚主义，揭示了诸多现实问题后面的制度性诱因，在此基础上提出了改善市场结构效率的思路。

刘英丽等[⑤]认为，我国目前的彩票市场具有区域性寡占的特征。随着彩票发行机构的增加，原先区域性垄断结构已经转向区域性寡占的特征。彩票市场实际呈现出省内寡占、省际竞争的特点。在这样一种市场结构下，

---

① 曾忠禄、张冬梅："彩票购买者特征实证分析"，《商业时代》，2006 年第 29 期。

② 张湛彬：《博彩业与政府选择》，中国商业出版社，2001 年版。

③ 朱彤、余晖："彩票市场的竞争性质与我国彩票监管体制重构"，《中国工业经济》，2004 年第 4 期。

④ 淦未宇、仲伟周、徐细雄："我国彩票发行的市场结构效率分析"，《西安交通大学学报（社会科学版）》，2006 年 6 月。

⑤ 刘英丽、刘溜、秦新安："谁在操纵彩票？"，《中国新闻周刊》，2004 年第 6 期，第 24—27 页。

必然会产生寡头在全国范围内的过度竞争以及寡头内部的额度之争。寡占市场的过度竞争，使双方表现出"囚徒困境"的行为特征，在追求自身利润最大化的同时，会对社会福利产生负面的作用。而额度竞争是彩票市场在特定的行政性寡占结构中所表现出来的特定省区之间竞争。额度竞争的结果就是谁的谈判力量强，谁就能够对彩票发行管理机构施加更大的影响，从而可以为自己带来更多的市场份额。

赵康康（2012）[①]认为，我国目前的彩票市场具有区域性寡占的特征。随着彩票发行机构的增加，原先区域性垄断结构已经转向区域性寡占的特征。彩票市场实际呈现出省内寡占、省际竞争的特点。在这样一种市场结构下，必然会产生寡头在全国范围内的过度竞争以及寡头内部的额度之争。寡占市场的过度竞争，使双方表现出"囚徒困境"的行为特征，在追求自身利润最大化的同时，会对社会福利产生负面的作用。而额度竞争是彩票市场在特定的行政性寡占结构中所表现出来的特定省区之间竞争。额度竞争的结果就是谁的谈判力量强，谁就能够对彩票发行管理机构施加更大的影响，从而可以为自己带来更多的市场份额。

3. 博彩产业的相关研究

国内学者对博彩产业的研究成果还比较少，整体上看主要立足于以下三个视角。

（1）从发展前景和政策选择视角

邹小山[②]（2004）认为近年来博彩业的发展得到了包括大多数发展中国家在内的许多国家的重视，博彩业的发展日益国际化、技术化，并且博彩业的国际竞争越发加剧。针对新形势下博彩业的负面影响，如洗钱和偷税漏税、社会治安等问题，应加强对博彩业的监管。

---

① 赵康康："中国福利彩票筹资机制研究"，南京师范大学硕士论文，2012 年 4 月。

② 邹小山："国际博彩业发展的新趋势及其监管"，《国际经贸探索》，2004 年第 5 期。

齐斌[①]（2006）以产业融合理论为工具，对博彩业进行分析，认为管制上的放松和技术上的进步，使博彩业的发展出现如下趋势，即高新技术对博彩业的渗透融合、博彩业与其他产业间的延伸融合、博彩产业内部的重组融合。

郭均鹏、李婷、李汉华和高峰[②]（2008）以我国现行彩票业的发展为切入点，采用因子分析法，对我国各省彩票经营现状进行了因子分析和排序，结合实际情况对我国备选省份进行了适宜度评价，得出以山东为试点建立彩票区域中心并以此为基础使其发展成为我国的博彩区域中心的结论。并对在我国博彩区域中心开发其他博彩形式进行了探讨，对其发展前景和战略选择做出了预测并提出建议。

（2）从外部效应视角

郭小东和刘长生[③]（2009）针对中国澳门博彩业"一枝独秀"的现状，运用灰色关联度、VAR 模型分析了博彩业对中国澳门就业、经济增长、海外资源的带动能力，结论是中国澳门博彩业的产业集中度高、产业关联度低，对相关产业的带动作用小；博彩业对经济增长的带动作用较大，但对就业、社会固定资产投资、海外资源的带动作用较小；博彩业与经济增长率、就业率、固定资产投资增长率之间存在双向而非单向的因果关系；由于博彩业产业风险大，决定了中国澳门政府应该采取相应的产业政策促使其产业结构适度多元化。

袁持平、赵玉清和郭卉[④]（2009）从不同角度确定博彩业一业独大的地

---

① 齐斌："产业融合背景下博彩业的发展趋势"，《商业现代化》，2006 年 9 月（下旬刊）。

② 郭均鹏、李婷、李汉华、高峰："我国建立博彩区域中心的探讨"，《天津大学学报（社会科学版）》，2008 年 11 月。

③ 郭小东、刘长生："澳门博彩业的经济带动能力及其产业政策取向分析"，《国际经贸探索》，2009 年 8 月。

④ 袁持平、赵玉清、郭卉："澳门产业适度多元化的宏观经济学分析"，《华南师范大学学报（社会科学版）》，2009 年 12 月。

位并通过回归计量对博彩业与其他产业进行相关性分析，论证了中国澳门产业结构调整的必要性。博彩业发展产生的外部性，说明了中国澳门博彩业受外部宏观环境的影响度，以及中国澳门进行产业结构调整的必要性，提出中国澳门产业适度多元化的政策建议。

周白玉[①]（2009）认为全世界各地都有旅游者的博彩行为。许多地区和国家为了吸引这些旅游者，修建了不少娱乐场所。旅游和博彩之间存在怎样的联系？为了更好地解释为什么这种游戏如此流行，他把此类博彩游戏的特征和平时生活中的博弈特征进行比较。把对流浪性旅游和向日型旅游的分析放在一起，发现前一类旅游行为更不倾向于博彩。为了克服本地居民对开办博彩业提案的反对，在建娱乐场所前，游说议员往往用"旅游业"作为"特洛伊"木马，隐藏博彩市场的主体是本地人口这样的事实。

（3）从成本收益视角

我国香港锡安社会服务处最近完成了《香港的问题赌徒及病态赌徒产生的社会成本》的研究[②]，以了解问题赌徒和病态赌徒因赌博而承受的私人成本、周边的人及政府的社会成本，比较中国香港与西方的赌博总社会成本与政府博彩经济收益，研究发现，2005年底的中国香港人口为6，970，800人，而中国香港总人口中有2.2%为病态赌徒，3.1%为问题赌徒，合计5.3%，即有约37万人为问题或病态赌徒，以此推算一名问题或病态赌徒每年的总成本是大约20万港币，而一年的总成本达到807亿港币。被访赌徒平均一生输掉的金钱约为247万港币，若以每名赌徒的平均赌博年期21.39计算，即每年要输掉11.5万港币，平均每月输掉接近1万元。他们平均一生的社会总成本为467.4万多港币，减除赌徒自己承担的私人成本295万多港币，按社会成本的定义，强制性令他人（包括家人及周边接触的人）蒙受金钱或财富上的损失是172万港币。

---

① 周白玉："博彩业与旅游业"，《中华文化论坛》，2009年第S1期。
② 来源：香港文汇报，http://www.wenweipo.com/，2006年3月3日。

通过对国内外博彩业研究的综述可以发现，国内尚没有人从博彩经济社会效应的角度研究博彩业，国外对此问题的研究也不丰富，他们的研究只侧重经济社会效应的一方面，有的研究博彩业的正效应，有的研究博彩业的负效应，有的研究博彩业经济效应，有的研究博彩业社会效应，或者只研究经济效应的一方面如税收，或者只是社会效应的一方面如问题赌徒。国内外研究的启示是：如何在博彩行业的内部结构分析的基础上，导入完整的经济社会效应评价体系（外部评价和影响），内外结合，本书试图找到博彩业所有正负经济社会效应，并对其正负性进行衡量对比，找出可否发展博彩业的答案。以下章节便是研究的思路、框架、内容与方法。

1.3 研究概述

本书的研究对象是博彩产业及其经济社会效应。博彩产业在中国的理论研究和实践发展都是相对薄弱的。但是正如上文所述，世界范围内博彩产业的发展现状和发展前景都证明其是不可忽视的重要产业组成部分。

1.3.1 问题的提出

然而，中国内地目前只有彩票行业及相对简单的彩票经济学研究；如何更加全面地认识博彩产业就成为当务之急。博彩产业到底由什么产品类型构成，这些产品应该如何遴选以更好地适应经济社会发展需要？而这些产品本身对经济社会的效应如何，直接关系到我国博彩业发展的政策选择。

1.3.2 研究思路及框架

为了研究上述问题，本书采用折中主义的理论态度，结合经济学的理论和方法，从博彩产业的内部结构和博彩产业的外部评价两个研究视角来研究博彩产业的经济社会效应，通过对现有案例研究的比较分析以及统计数据的定量处理，用定性与定量相结合的研究方法，从类型化认知框架中刻画和解释博彩产业在中国的发展现状、影响因素、经济社会作用机理和未来的政策选择。本书的逻辑框架见图1-2。

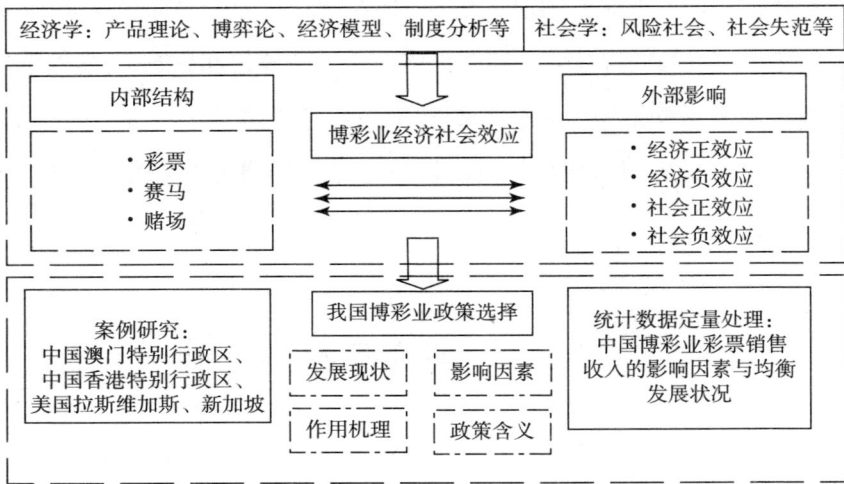

图1-2　本书逻辑框架结构图

1.3.3　研究内容

《第1章　导论》：这一章将交代研究缘由和意义，并界定研究问题，同时综述国内外有关博彩产业的文献，指明选题的研究现状和研究基础，并阐释本书的研究思路、研究内容、研究方法等。

《第2章　博彩产业概述》：本章首先界定了博彩产品，由于彩票、赛马和赌场三个博彩产品都有独特的产品特征，要将三个不同的博彩产品放在同一理论框架之下分析，就必须从本质上总结出它们的共性和差异性，也是对其内部因素和内部结构的深入了解，为未来的产品遴选做铺垫。其次，对博彩业的性质进行分析，博彩业属于第三产业，属于娱乐服务业。

然后对博彩业相关的产业链，如酒店、餐饮、演艺、旅游、交通、零售、印刷、媒体等进行分析，为博彩产业经济社会效应分析奠定基础。这就完整地表达出了博彩产业的内部因素和结构以及外部经济社会效益评价的框架体系。

《第3章 博彩业经济社会效应的理论分析》：本章首先分析博彩业的经济社会正效应，博彩经济正效应包括：促进财政收入（筹集社会公益金、促进税收）、增加就业、带动关联产业、形成博彩业的乘数效应和人口替代（夺回）效应等；博彩社会正效应包括：为公益慈善做贡献、劫富济贫缩小贫富差距和丰富娱乐休闲生活等。其次，分析博彩业的经济社会负效应，博彩业的经济负效应包括：博彩业的寻租、博彩业的行业吞噬效应、博彩业的挤出效应；博彩业的社会负效应包括：助长投机心理并抑制实体经济、导致违法犯罪、产生问题赌徒或病态赌徒。再次，根据不同的博彩产品的特征，提出了降低博彩业负效应的策略。

《第4章 博彩业经济社会效应的地区经验》：本章以中国澳门特别行政区、中国香港特别行政区、美国拉斯维加斯、新加坡四个发展博彩业的成功典范为例，总结其发展博彩业的经济社会效应，并获取其发展博彩业的区域经验。

《第5章 我国发展博彩业的必要性及可行性分析》：本章首先分析了世界博彩业的现状和供不应求的未来趋势，然后针对我国地下私彩泛滥需"疏"、巨额赌资流失需"堵"、周边邻国赌场包围已成"燎原之势"的内忧外患现状，论证我国发展博彩业的必要性。然后，从五个方面论述其发展的可行性，即经济条件、经验积累、政治条件、文化认同条件及风险可控。

《第6章 我国发展博彩业的博弈选择》：本章运用博弈论对我国开赌、禁赌进行分析，结果表明在"囚徒困境"之下，我国的政策选择是开赌。另外通过对我国彩票业的计量分析，发现我国彩票业存在一个"悖论"，即彩票的购买主体是低收入阶层，这部分本该被公益福利所照顾的对象却在为全民的公益福利做着超额贡献。要想改变这一现实状况，我国就必须提供高端博彩产品。至此，博弈分析和计量检验均表明，我国应丰富博彩产品，发展博彩业。接下来本章在前文论述的基础上，对博彩产品做出了选择，即下一步继续做大彩票，适度发展赛马，禁止发展赌场。最后对发展博彩的制度安排提出了建议，如要把中国澳门特别行政区、中国香港特别行政区因素通盘考虑，试点海南、武汉和横琴。

《第7章　结论与探讨》：总结全文，得出结论。指出本书的创新与不足之处，同时提出博彩产业的政策建议。

1.3.4　研究方法

本书采取的研究方法主要有文献研究法、调研访谈法、定性定量分析法等方法。

1. 文献研究法

通过国家图书馆、人民大学图书馆、民政学院图书馆以及网络检索，整理分析世界博彩业尤其是中国澳门特别行政区、中国香港特别行政区、美国拉斯维加斯、新加坡博彩业的相关资料，批判学习和借鉴国内外已有的博彩业研究成果，启发思路、规避不足，为本书的研究奠定基础。

2. 调研访谈法

对美国、中国澳门特别行政区地区和我国内地的政府官员、博彩专家学者进行访谈，并结合相关资料进行案例分析。完成情况如下：

2009年5—6月：在河南、河北、北京等地调研。

2009年7—8月：在中国福利彩票发行管理中心、民政部福利司彩票管理处调研。

2009年8月：在北京市福利彩票发行中心、北京大学公益彩票研究所进行专家座谈。

2009 年 8 月：参加首届中国彩票行业沙龙。

2009 年 12 月：在中国澳门实地考察参观，参加中国澳门举办的第六届国际博彩学术研讨会。

2009 年 12 月：在香港赛马会、香港赌船考察参观。

2010 年 3 月：参加第二届中国彩票行业沙龙。

2010 年 6—9 月：在美国拉斯维加斯、印第安人赌场等地进行调研。

2010 年 10 月—2011 年 2 月：在美国佐治亚州、佛罗里达等地进行彩票调研。

2011 年 4 月：参加第三届彩票行业沙龙。

2012 年 6—7 月：在北京德法利公司及北京海淀区双榆树投注站进行社会实践。

（1）问卷法：为探求海南博彩业的第一手资料、获得有关数据、摸清海南现状、听到真实声音，本人设计了调查问卷。有针对性地在海南对彩票发行管理机构（省福利彩票发行中心、市区县福彩中心）、彩票销售机构（市区县）投注站和普通彩民发放调查问卷。通过调查问卷搜集当地居民对海南开放博彩业的态度，并检验我国公民对博彩的文化接受程度。

（2）访谈法：通过对美国、中国澳门特别行政区地区等博彩业从业人员和专家学者访谈接触，了解博彩现状、营利情况、行业前景、产业政策、产业规模、产业结构等问题，从而弥补问卷调查的片面性，从侧面收集更为丰富的信息。

3. 定性定量分析法

把相关文献资料、调研访谈获得的资料运用有关经济理论进行定性分析，并以我国彩票业为例，利用 31 个省 2002—2010 年的面板数据，运用固定效应模型，检验我国彩票业发展的影响因素，以发现其中的问题，为论证我国丰富博彩产品的必要性奠定基础。

第2章 博彩产业概述

纵观古今中外，博彩一直是不同历史时期不同地域人们最普遍、最大众化的社会活动。人类历史自从有记载开始，赌博就已成为一种极为盛行的娱乐活动。早在公元前三千年掷骰子赌博游戏就已出现；而源自永动机的轮盘赌，经过几百年的不断演绎已经成为全球最流行的博彩游戏①。不仅在中国，世界上的其他文明古国，也一样很早就有了赌博活动。比如伊拉克和印度约在公元前三千年就有了掷骰子的博彩游戏，希腊、罗马、阿拉伯和玛雅等古代文明社会也有此类游戏。西方历史学之父希罗多德的巨著《历史》中写到，"在公元前一千五百年，埃及人为了忘却饥饿，经常聚集在一起玩掷骰子游戏。古罗马军队的士兵在闲暇时，也经常聚集在一起玩这种游戏"。在西方文明中，对于有宗教信仰的人，视抽签为神圣的上帝对人类事务行使抉择的一种工具，《圣经》中总共有二十一处谈到通过抽签做出选择。其中，有十八处载于《旧约全书》中，而阐述得最深入的莫过于《箴言》一章了。《圣经》认为抽签结果是由上帝掌控的，不受其他因素干扰。《旧约》第二十六章记载，上帝曾经指示摩西抽查以色列人口，然后通过抽签分配给他们约旦河西岸的土地。显然，在伦理道德与宗教方面均对通过抽签提供均等机会予以认可，《圣经》确信它是上帝在人间实

---

① 朱蕾:《赌博的历史》，哈尔滨出版社，2009年版。

现其意愿的一种公平方法。

2.1 博彩的产生与发展

原始社会以来，人类一直存在着游戏与娱乐的动物本能，这就是博彩发生的原始本源。游戏和娱乐活动中，争强好胜是重要内容，争强好胜的升级和演绎就是增加赌注，从而形成了最初的博彩。

2.1.1 博彩的产生及中国博彩业的起源

人为什么要博彩？一般有两种解释：第一，博彩是一种娱乐活动。人们进行博彩，其实就是花钱买娱乐，而之所以购买娱乐，是因为它能够提供一种独特的效用，从而满足其他商品所不能满足人们的某种欲望。根据诺贝尔奖获得者萨缪尔森的"幸福方程式"[①]：幸福（happniess）= 效用（utility）/ 欲望（desire），当欲望一定时，效用越大，幸福也就越大。人们博彩的目的就是增加效用。经济学家张五常也把赌博[②]视为一种娱乐，在他看来，博彩娱乐能产生让人心情变好的效用。欲望不变，效用增加时，参加博彩的人会获得更高的幸福感，当人们具备一定的经济基础时，就可能会通过博彩提高幸福感。第二，博彩是一种风险偏好。经济学家对博彩消费的研究发现，经常赌博的人属于风险偏好型，很少赌博的人属于风险回避型，而对赌与不赌持无所谓态度的人属于风险中立型。赌博是一种投机性较强的活动，风险偏好型的赌客常常会乐此不疲。以购买彩票为例，有的人担心不能中奖，他们通常不买彩票，而是持有现金；有的人喜欢冒

---

① （美）大卫·帕斯夫：《经济学中的分析方法》，中国人民大学出版社 2001 年版，第26 页。

② 博彩与赌博的区别与联系：二者是指同一种活动，只是"博彩"的说法比"赌博"显得更委婉。

险，他们常买彩票，在打水漂与中奖之间进行博弈；还有的人持中立的态度，认为买不买彩票无所谓，可买可不买，中不中奖并不重要。由此可以看出，在不确定性条件下，人们对风险的态度影响着他们的决策，赌徒是对投机风险具有一定偏好的一个理性经济人群体。施蒂格拉与贝克将赌博行为设定为"理性上瘾"模型，即人们对消费上瘾商品具有递增性，换句话说，过去对该产品的消费越多，现在和未来对该产品的消费也就越多。黄有光教授认为人们之所以爱赌，一是因为人们高估了赢钱的概率，包括相信自己会有好运或分析水平；二是因为人们从赌博过程中能够获得快乐，特别是赢钱时的较强刺激[①]。

我国博彩业源远流长，博彩活动作为娱乐活动的一种，深受人们喜爱的原因在于在娱乐游戏中发生了财产转移即有财物所得。因此，博彩活动之所以称之为"博""彩"，"彩"意指"彩头"（财物），一定会发生财物转移，满足博彩者的欲望，这个财物一定以博彩者私有为前提，如果财物为所有博彩者共同共有，即使参与博彩活动，赢了对于博彩者本人也无所收益，输了也毫发无损，这样参与博彩者必然失去兴趣，博彩活动也索然无味。只有博彩活动中博彩者输赢的标的物为私人所有，与博彩者自身利益密切相关，博彩才能备受青睐，这也就是博彩的魅力所在。可见，博彩活动是以财产私有制为前提，逐渐发展起来的。

博彩活动由于发生了财物所有权的转移，这种转移是以商品货币为媒介，财物所有权才发生转移，所以博彩活动的发展是伴随着商品货币发展而来的。换言之，商品货币的发展使博彩活动的财物所有权转移成为可能，由于博彩活动本质上一种娱乐活动，通过娱乐游戏方式以小博大、以少赢多，获得大众的认可和喜爱，博彩活动由此成为人们广泛参与的娱乐活动，据记载，我国古代的博彩思想起源于博戏，而"六博"作为最早的博戏大约形成

---

① （英）哈耶克：《个人主义与经济秩序》，三联书店 2003 年版，第 69 页。

于商朝。到我国唐代，博彩活动达到繁荣昌盛时期，大诗人李白就有"大博争雄好彩来，金盘一掷万人开"的诗句，博彩活动的热闹情景可见一斑。

表 2-1　新中国成立前我国彩票、赛马的产生与发展

	彩　票	赛　马	赌　场
发展历程：主要大事	• 最原始的彩票：清朝时期（1880 年左右），有将应试者每个人的姓印在纸上定价出售，由购买者选择中榜者的姓，发榜后按照猜中的人多少获得一、二、三等奖。	• 春秋战国时期，田忌和齐威王赛马，上流贵族社会运动。	• 公元前 407 年，战国时期所编写的《法经》，就已经列有"赌罪"。
	• 清政府批准的第一家彩票公司：上海广济公司发行的江南义贩票（1899 年 4 月 23 日）标志着我国从销售外洋彩票到自办彩票的转折。	• 元代赛马风行，清代，每逢"秋围"时，皇家除了打猎外还会举行各式各样的赛马活动。	• 秦、汉、唐、宋、元、明、清等历代历朝均有禁止赌博的法律条文。但是民间赌博却一直都是禁而不止。
	• 清末，地方政府发行彩票：湖广总督张之洞批准发行的"湖北签捐票"，此后，浙、皖、鲁、豫、湘、甘、粤等地也相继发行了彩票。	• 蒙古族每年赛马的习俗至今保留。	• 民国赌场盛行：如上海青帮在英、美、法租界开设了很多赌场。
	• 民国：1933 年 5 月发行了"航空公路建港澳博彩业发展与管理研究设奖券"，以后又发行了"黄河彩票"等。	/	/

资料来源：李振宁，"港澳博彩业发展与管理研究"，《暨南大学硕士论文》，2004 年 4 月。

综上所述，博彩产生的历史条件是财产私有制的存在、商品货币关系的发展，使实际上可能发生财产所有权的转移及其与游戏娱乐活动的存在和发展相结合。

博彩业在我国有几乎不间断的历史。下面本书梳理新中国成立前的彩票、赛马、赌场三种博彩产品的发展历史，如表 2-1 所示。表中可知，我国博彩业历史悠久，赛马和赌场可追溯到春秋战国时期，彩票则源于清朝。

赌博在中国的历史上几乎没有间断过，不过大多朝代政府对赌场并不认可，除民国时期外，一律严格禁止。赛马活动作为皇家贵族的竞技运动，备受推崇，而在工业时期以前，马作为人类交通、征战的工具，与人类历史一样久远，赛马在民间社会极其普通。彩票作为政府募集资金的金融工具，在我国的历史要远逊赌场和赛马，不过也已有上百年的历史。

2.1.2 博彩的发展特征与新中国博彩业发展

博彩发展经历了从娱乐性游戏到娱乐性博彩，再到商业性博彩的历史过程，这个历史过程可以划分为若干个历史发展阶段，即竞技、斗智娱乐性游戏——自娱、互娱性博彩——个别的、简单的商业性博彩——扩大的、复杂的商业性博彩——网络商业博彩发展的历史阶段（表2-2）。这其中各个历史阶段的特征可简要地概括为：从经济特征看，随着博彩阶段的演进，赌场、赛马、彩票经历了从起初并无财物转移演变为了庄家抽成，政府抽税以及通过网络信用卡交易的升级过程[①]。

表 2-2   博彩发展的历史过程、阶段及其特征

阶段序号	1	2	3	4	5
发展阶段名称	竞技、斗智性娱乐游戏	自娱、互娱性博彩	个别的、简单的商业性博彩	扩大的、复杂的商业性博彩	网络商业博彩
经济特征	仅是发生在打赌争强好胜，而无输赢财物或财物转移	有财物所有权转移，产生零合效应	有财物转移和庄家"抽成"，形成赌方，零合效应发生扭曲	企业经营，面向社会，政府管制并与庄家参与利润分配，缴纳税费用于社会福利	与信用卡等现代金融及网络发展联系紧密，无地域限制，缴纳的税收或费用较低

① 赖存理：《博彩历史解读与政府管制》，中国商务出版社，2008年版，第47页。

阶段序号	1	2	3	4	5
赌场博彩	不赢钱的掷骰子、打牌、弈棋等游戏	春秋战国时的六博、弈棋、斗鸡走狗互赢	晚唐开始、宋元及以后的赌坊、柜房赌博	近代中国澳门的合法赌场、中国香港曾经一度开放的赌场	中国内地及中国香港、我国台湾地区等非法的网络赌场博彩
赛马博彩	赛马竞技或赛马比赛	赛马互相输赢钱财（中国古代田忌赛马）	押注比输赢，庄家"抽头"的民间赛马	民国期间上海、中国澳门、中国香港等合法的现代赛马	中国澳门、中国香港等开展的赛马及网上赛马博彩
彩票博彩	古罗马马戏表演后向观众抛发奖品	古代的猜字游戏、唐宋时的"升官图"	晚清和民国时期的闱姓、白鸽票、山票、铺票等	近代中国香港六合彩、中国内地的福利彩票和体育彩票	香港赛马会通过网络发行六合彩

资料来源：赖存理，《博彩历史解读与政府管制》，中国商务出版社，2008年版。

世界博彩业的发展历史，大致可以分为三个阶段。第一阶段为1931年以前，以美国内华达州赌场合法化为主要标志，从此赌场博彩时代到来了；第二阶段是博彩业初步发展阶段，以1978年大西洋城开赌为标志，这个阶段美国、中国澳门特别行政区及其周边国家和地区发展博彩业的重要时期，博彩业相配套的监督管理措施也逐步发展起来；第三阶段，是1978年以后，特别是（20世纪）90年代后，美国和中国澳门特别行政区等国家和地区博彩业迅猛发展起来[1]。截至2001年，全世界已有109个国家和地区开放了三项博彩业，其中，北美洲1900多家，欧洲1700多家，非洲170多家，中南美洲280多家，亚洲180多家，大洋洲140多家；在国别上，美国、加拿大、

---

[1] 王薛红：《博彩业发展与中国政府政策选择》，中国财政经济出版社，2008年版，第167页。

俄罗斯、英国、法国、德国等发达国家基本上都开放三项博彩业（日本除外）；在亚洲，几乎所有国家都开放了彩票业，开放赌场的国家有韩国、朝鲜、新加坡、马来西亚、菲律宾、越南、老挝、缅甸和柬埔寨。2002 年全世界博彩业年毛收入超过 9000 亿美元，被列为世界第四大产业。2007 年全世界超过 150 个国家都有合法的博彩活动，其中超过 131 个国家和地区有合法的赌场（以及扑克赌博厅），60 多个国家有赛马等体育博彩产业，有 100 多个国家发行彩票。

而我国，自 1949 年新中国成立始，博彩业就一直被视为资产阶级的有毒事物，并被严格禁止。直到改革开放后，彩票作为一般博彩产品才在国内重新发行，而赛马和赌场仍旧严格禁止。我国彩票业的发展，大致可以分为三个阶段（如表 2-3 所示）：第一阶段（20 世纪 80 年代中期—1993 年）属于起步阶段，自从 1984 年北京出现第一张官方"发展体育奖——九八四年北京国际马拉松赛"奖券开始，各地政府开始竞相通过举办体育赛事发行彩票性质的专项奖券筹集资金。1987 年国家民政部被唯一授权可以合法发行彩票，但地方政府和其他中央部门仍旧竞相非法发行，甚至一度出现硬性摊派现象；第二阶段（1994—1999 年）属于部门彩票阶段。针对彩票市场的混乱局面，1994 年国务院开始清理整顿，首次明确中国人民银行为彩票的主管机构，只批准民政部和国家体委（现国家体育总局）两个部门具有彩票发行权，分别发行福利彩票和体育彩票。这一阶段，彩票市场被两大部门分割垄断，各自实行不同的销售、财务、公益金管理制度，全国统一的彩票市场仍未形成。第三阶段（2000 年至今）属于国家彩票阶段。2000 年财政部全面接管彩票管理工作，2001 年 10 月国务院发布了《国务院关于进一步规范彩票管理的通知》（国发〔2001〕35 号），确定了财政部主管彩票法规、政策、制度和市场，国家民政部和国家体育总局负责发行销售的现行彩票管理体制。2012 年 12 月 28 日财政部出台了《彩票发行销售管理办法》财综〔2012〕102 号，至此，我国彩票业开始步入正轨运行。

表 2-3　新中国成立后博彩产业发展的三个阶段

阶　段	时　间	特　征
第一阶段	1984—1993 年	起步阶段。地方政府和国家部委竞相违规发行彩票，管理混乱。
第二阶段	1994—1999 年	部门彩票阶段。央行为主管机构，民政部和体育总局分别负责福利彩票和体育彩票，各自为政，全国统一的彩票市场仍未形成。
第三阶段	2000 年至今	国家彩票阶段。步入正轨，形成了"三纵三横"的管理体制。"三纵"是指根据业务隶属关系划分为财政系统、民政系统和体育系统三个垂直管理系统，"三横"是指根据行政层次横向划分为：国家福彩中心和体彩中心、省级福彩中心和体彩中心，市级福彩中心和体彩中心三个层面。

资料来源：作者整理

　　至此，我国彩票的销售管理形成了"三纵三横"的管理体制。"三纵"是指根据业务隶属关系划分为财政系统、民政系统和体育系统三个垂直管理系统，"三横"是指根据行政层次横向划分为：国家福彩中心和体彩中心、省级福彩中心和体彩中心，市级福彩中心和体彩中心三个层面。"三纵三横"的管理体制，使我国的彩票销售在省际形成了相互竞争态势。

2.2　博彩产品

　　按照国际通常划分，博彩产品包括彩票、赛马和赌场。本节将详细介绍这三种博彩产品。

2.2.1　彩票

　　早在远古时代，人们就发明了彩票。在古希腊，几个人聚在一起用一个小球作为赌具玩游戏，就是彩票的前身。在古罗马，恺撒用彩票来筹集城市的维修费用。中世纪，欧洲的工匠也曾利用彩票来促销陶瓷。早在公元 1200 年的弗兰德斯（现属于比利时），彩票就在这里的农民集市上的小摊上销售。公元 1444 年，丹麦人开始了彩票游戏，这些游戏大多为政府行为。本奈迪特·根泰（Benedetto Gentile）被誉为"彩票之父"，当时的热那亚共和党从 90 名候选人中选出 5 位作为参议院成员，Gentile 由此受到启发，组织了一场 90 选 5 的乐透游戏。1519 年，热那亚乐透（Genoa lotto）诞生；1539 年，法国发行世界第一张彩票[①]；1762 年，荷兰政府首次发行彩票；如今已有 150 多个国家和地区发行各种形式的彩票。

彩票也是一种商品。发行者销售彩票，卖出的是一个中奖的机会，购买者则是为了尝试这一机会，碰碰运气，或者中奖，或者不中。由于彩票所募资金全部用于公益慈善事业，无论中不中奖，购买者都会有一种为社会做贡献的满足感。[②]作为一般商品，买卖彩票要遵循市场交易的一般规则，作为特殊商品，又主要表现在它受到了比较严格的政府管制，目前世界上大多数国家实行的是由有关部门直接管理彩票的形式。美国《佐治亚州教育彩票法》明确规定："发行彩票与企业的经营活动性质一样。"彩票虽然具有赌性，但它只是一种博彩产品，是一种特殊的商品。

2.2.2　赛马

有人说，富豪休闲时有三个去处，一是马会，赌马的刺激令人疯狂；二是乡村俱乐部，打高尔夫球健身；三是赌场，享受一掷千金的乐趣。对于大多数人而言，这些显示身份地位的地方很难进去，但大众化的跑马场

---

① 张亚维：《博彩行为：一个理论框架及中国实证分析》，经济科学出版社，2006 年版，第 1 页。

② 张敏："关于我国彩票法律的一些思考"，《西南民族学院学报（哲学社会科学版）》，2001 年 2 月总 22 卷第 2 期。

和赛马彩票为人们发财提供了良好的机会。[1]

通常所说的赛马，实际上有双层含义，一层含义指赛马是一种娱乐性、竞技性较强的体育运动，即"马术"；另一层含义是一种刺激性、风险性极强的博彩活动。本书所说的赛马是指后者。赛马博彩是赛马和博彩二者的结合，如今赛马已成为全球最受欢迎的博彩项目之一。

赛马（Horse racing），指通过不同骑师与马匹形成组合，然后进行比赛，根据比赛结果决定是否中奖的游戏。赛狗（Dog racing）、其他动物的比赛与赛马相类似。现代赛马，除奖励骑师、马主之外，还奖励下注猜中的马迷。提供中奖机会，让观众参与竞猜，不仅增加了文化娱乐性，而且可以面向社会筹集资金，广拓政府财源。现代赛马机制独特，潜力极大，往往能带动多个领域的发展。

赛马的运作规则一般为：组织者把骑师马匹形成的不同组合按序编号，并在规定的跑道上比赛。同时，组织者按照名次、顺序预设出各种竞猜结果和相应的赔率，印在马票上，参与者可根据自己的判断填票押注，比赛完毕，按结果决定中奖与否或中奖金额。

赛马博彩具有高度的技巧性，参与者需要有充足的骑师、马匹的资料，并善于对比分析。要熟识每一匹马的体质、状态、血统、年龄、特长、操练程度，以至参赛时配磅重量、骑师水平、排位位置、场地环境等，马迷们在搜索整理这些基本资料的过程中能体会到浓厚的乐趣；一旦猜中，不仅获得奖金奖励，更会有一种成就感和满足感。一般情况，为了满足马迷的需要，马会会提前几天公布骑师和马匹的详细资料。相关报刊、媒体也会有大量的评论、预测等文章供马迷参考。赛马竞猜的形式通常有独赢、连赢、位置、过关、三宝、三重彩、四重彩、单T、六环彩等。

---

[1] 严峰、韩玉芬：《彩票指南》，中国人民大学出版社，1993年版，第30页。

2.2.3 赌场

对于赌场博彩目前全世界没有统一的界定。不同机构、不同地域、不同国家有不同的定义，众说纷纭，各有千秋。有的机构和国家认为拥有硬币游戏机的电子娱乐城就是赌场；有的认为拥有赌桌或老虎机其中一项就算是赌场了；有的认为只有同时具备了赌桌和老虎机才算是拥有了赌场。不同的赌场分类标准，统计赌场的数量也有很大差别。事实上，由于各国法律对合法博彩产品规定不同，各国对赌场的认定一直是模糊不清的。

由于博彩业的巨大经济利益，吸引着西方各国纷纷宣布博彩合法化。首先是德国巴登 1748 年开设赌场，随后 1856 年开始兴建的摩纳哥的蒙特卡洛赌场。如今的蒙特卡洛已成为世界著名的四大赌城之一，摩纳哥也因此以赌立国。紧接着开设赌场之风席卷欧美各国。1931 年，美国拉斯维加斯宣布博彩合法化，如今拉斯维加斯的豪华气派已经超过了蒙特卡洛，赌业成为拉斯维加斯所在的内华达州最大的产业，该州约有一半的收入来自博彩业。而中国澳门以"东方蒙特卡洛或东方拉斯维加斯（东方赌城）"闻名于世，博彩业已经成为中国澳门最重要的支柱产业，有近三成的澳门人直接或间接受益于博彩业。2006 年以来，博彩税一直占到了澳门政府经常性收入的 65% 以上，同时，中国澳门的许多公共事业的支出都来源于博彩税。

依据权威的调查数据，2007 年全世界 131 个国家和地区共有 2933 个赌场。2007 年世界范围内赌场收入估计为 1032 亿美元，2012 年全球的赌场收入将达到 1394 亿美元。从 2003 年到 2012 年，世界赌场的收入平均按每年 10% 的速度增长 [①]。

---

① 曾忠禄：《全球赌场扫描现状与趋势》，中国经济出版社 2011 年版，第 8 页。

2.2.4 博彩产品共同特征和差异性

博彩业的具体表现形式包括彩票、赛马和赌场。这三类博彩形式有什么共同特性和差异？对此，我们回到经济学最基本的概念产品上来分析。

2.2.4.1 博彩产品的共同特征

产品就是能够向顾客提供的效用品。既可以是具有某种用途的物质实体，也可以是某种无形的服务产品。博彩业提供的产品即为后者。无论是博彩业的低端形式彩票还是赛马和赌场，都是向顾客提供并完成交易的一种服务。

1. 投注权。澳门理工学院王五一教授通过研究，发现经济学上可以把投注权作为博彩产品的共同特征。他把投注权和赌场服务的产品相联系。比如 100 元在一台老虎机玩一个小时就会输光，这就意味着花 2.5 元钱就可以购买到 1.5 分钟老虎机的权利，从而找到了投注权和博彩服务之间量的互换和质的相同。博彩业交易的对象就是投注权，投注权也符合博彩产品的特征；投注权的交易额就是赌场毛利；投注权既可以被供应，也可以被需求。王五一教授主要从赌场服务出发来分析投注权。事实上，对于赛马，也可以把投注权和赛马博彩服务进行量的互换，对于彩票，也可以把投注额含多少投注权，与彩票这种娱乐服务业进行量的互换。所以，不仅赌场，赛马和彩票业也都可以用投注权来衡量。这样，就找到了三种博彩形式质的一个共同点。

2. 不确定性。在博彩产品中，不论是彩票、赛马还是赌场，博彩消费者在参与博彩活动时总要面临失败受损的风险，而且还知道各种可能的结果发生的概率，经济学上就称这种不确定的情况为风险。参与者往往需要凭借一定的技巧或运气做出选择，但由于不确定性的客观存在，只能从概率上在有限信息支撑下做出相对最佳的选择，事实上，更多时候只是一种猜测。博彩业的彩票、赛马和赌场都面临这种风险和不确定性，这种不确定性是博彩的又一共同特征。从不确定性程度看，购买彩票不存在任何技巧，人人机会均等，不确定性最大。赛马需要掌握马匹、骑师等一系列资料，技巧性较强，有经验的马迷可能比新手猜中的概率要高。赌场一般需要参与者亲自操作，不论是与机器，还是与人对赌，考验的是精明与机智，果敢与胆略，技巧性最强，在三种博彩方式中不确定性相对最低。

3. 竞争性。不论是彩票、赛马还是赌场，有赢钱的人，也就必定有输钱的人，参与者相互之间或参与者和庄家之间要么直接竞争，如赌场，要么间接竞争，如彩票和赛马。换言之，博彩结果具有排他性，参与者不可能都赢钱，一定是有赢有输。从竞争的方式和对抗的程度来看，赌场要参与者亲自操作对抗，竞争性最强；赛马是与庄家对赌，竞争性较强；彩票则机会均等，中奖与否纯属运气，竞争性也就最弱。

4. 娱乐性。博彩活动有着丰富的内容和形式，尤其是其竞争性和不确定性能让人们在参与过程中获得精神上的愉悦和快感，满足一定的社会心理需要。不管是进入赌场赌博，还是押注赛马，甚或购买彩票，除想赢钱获利外，还享受了整个过程带来的快乐。若抱平常心参与博彩，聚众博彩往往会瞬间忘却烦恼，实现某种自我超越。流行于民间社会的各种博彩活动，如麻将、扑克等，更是人们消磨时间、沟通情感的重要休闲方式。

5. 负面性。自古以来，赌博就是一件见不得光的事，历来被官方严厉禁止和打击。究其原因，主要是因为赌博会给个人、家庭和社会造成强烈的负面影响。久赌必输的道理几乎人人皆知，但一部分人还是经受不住赌博娱乐性、投机性的诱惑，最终深陷其中，沦为问题赌徒或病态赌徒，从而给个人、家庭和社会造成巨大创伤。因瘾嗜赌导致妻离子散、家破人亡的案例不在少数，因赌导致黑社会猖獗、社会治安形势日趋严峻的案例也不在少数。

博彩产品共同特征意味着不论哪一种博彩方式，从本质上看是相同的，只是其表现强度有所不同而已。这启示我们在研究和认识博彩时，不要一棒子打死，而应该根据不同的经济社会环境，做出不同的政策选择。

2.2.4.2　博彩产品的差异性

彩票、赛马和赌场三者既有相同特征，又有某些差异（见表2-4）。

1. 技巧性不同。彩票是概率均等的纯个人行为；没有智力博弈；价格便宜、进入门槛低。赌场是人与人或人与机器进行的博弈，需要智力参与，高层次、高收入参与者多。赛马是赌徒与不同组合的骑手和马的博弈，比较复杂，需要搜集大量的相关信息。

2. 管控的难易度不同。一般认为，三者中赌场的管控难度最大，彩票风险控制最易，赛马居中。即彩票、赛马、赌场三者管控的难度依次增加。换言之，彩票的安全性最高，赛马次之，而赌场的安全性则最低。

3. 社会影响力不同。不论本国还是在国际上，赌场对本国还是他国的影响力都是最大的，彩票的经济社会影响力是最小的，赛马居中。即彩票、赛马、赌场三者的社会影响力依次增强。

4. 动机不同。赛马和赌场博彩以个人营利为目的，以小博大，追求个人利益最大化，而彩票则更加具有公益性，虽然中奖概率低，但是购买者也总是怀揣着支持公益的动机。

5. 投机的机制不同，或者说中奖概率不同。相对而言，赌场博彩的中奖概率相对最高，且与下注多少有关；赛马也类似，增加下注数量，就能大大增加赢的机会。彩票中奖概率低，中奖概率与下注的相关度很低。另外，彩票单注金额仅2元人民币，即使不中奖也无所谓，因此，可以说购买彩票是一种安全性、公益性和娱乐性兼备的活动。

6. 分配不同。彩票发行归政府垄断，在扣除返奖和必要的销售管理费用后，政府必须把公益金全部取之于民用之于民，一般是投向公共福利慈善事业。就目前国际上的赌场和赛马项目而言，大部分是私人企业运营，虽然一部分贡献财政收入，但依然是私人主导分配为主。

表 2-4　博彩产品（彩票、赛马、赌场）的差异性

项目　　差异性	彩票	赛马	赌场
技巧性	低	高	较高
管控难易度	易	较难	难
安全性	高	较高	低
社会影响力	小	较大	大
动机	公益	私人	私人
中奖概率	低	高	较高
分配主导	政府	私人	私人

资料来源：作者整理

2.3　博彩产业的性质

　　早在我国西周时期，虽然一般社会成员对服务产品的需求量很少，但王室贵族对服务产品，尤其是教育、文化、娱乐等都提出了较高需求，到了殷周时代，商品交换、货币流通已非常普遍，这为第三产业的形成提供了基本经济条件[1]。第三产业（Tertiary Industry）（即第三次产业），是 1935 年由英国经济学家、新西兰奥塔哥大学教授费希尔（A. G. B. Fisher）首先提出来的[2]。一般认为，第三产业包括金融、运输、通信、商业、新闻、广播、教育、文娱、旅游等行业。

　　那么，博彩产业属于第几产业呢？通过对博彩业的彩票、赛马和赌场进行分析可以得出：

　　1. 提供博彩服务的服务者与接收服务的消费者都同时在场，符合第三产业的第一标准。

---

①　李江帆：《第三产业经济学》，广州人民出版社，1991 年版，第 85—86 页。

②　李江帆：《第三产业经济学》，广州人民出版社，1991 年版，第 44 页。

2. 博彩服务产品都是无形产品，彩票销售者给彩民提供的售彩服务，赛马机构给马迷们提供的赛马服务，赌场给赌客提供的博彩服务都是无形的、不可见的服务。

3. 博彩产品的生产过程和消费过程是不可分离的。彩票销售者为彩民提供售彩服务的过程，也是彩民消费售彩服务的过程；赛马机构为马迷们提供赛马服务的过程，也是马迷们消费赛马服务的过程；赌场给赌客提供各项博彩服务，同时也是赌客消费的过程。

4. 博彩产品具有异质性。售彩过程、赌马过程和赌客消费过程，一方面，博彩服务提供者的技能、态度可能存在差异；另一方面，接收博彩服务的消费者对同一服务也有不同的评价。

5. 博彩产业既不是第一产业——农业，也不是第二产业——工业，博彩业是除第一、二产业以外的其他经济活动。

综上可见，博彩业属于第三产业。博彩业属于第三产业的范畴，但博彩业是特殊产业，与一般意义的服务业不同。博彩业之所以特殊是因为其在现行产业分类体系下没有被明确归类，同时也是一种新型产业形式。其特殊性在于一方面政策对其发展规定模糊，社会上对其发展存在争论，属边缘产业，如法律的限制、模糊性规定等；另一方面在于其产业发展与传统产业差别很大，该产业有投资小、与旅游业、金融业密切相关等特点，不能完全适用传统的产业发展思路。对于博彩产业的性质，目前学界以及不同国家或地区仍有不同观点。本书将博彩产业的性质归为以下四种，即文化产业、金融业、旅游娱乐业或娱乐服务业。

2.3.1　博彩业属于文化产业

从博彩在中国发展历史来看，由于我国传统文化对博彩业一直强调其社会危害性，很长时期博彩活动都被认为是非法的，故正式的官方并没有对博彩业进行归类。实际上，中国官方虽然没有正式提出博彩业的归类，但有不少学者在研究文化产业的时候，将博彩业视为文化产业的一种。

　　我国服务业的部门划日趋科学细化，经过 1994 和 2003 年两次调整，已经从 1993 年前的 9 个部门增加到了 2003 年后的 15 个部门。我国的彩票业在 1993 年以前属于第 7 类科教文卫生体育福利事业，在 1994 年至 2002 年间属于第 8 类卫生、体育和社会福利业，2003 年以后属于第 12 类卫生、社会保障和社会福利业和第 13 类文化、体育和娱乐业（见表 2-5）。

表 2-5　我国产业分类体系中的服务业

第一阶段（1993 年以前）	第二阶段（1994-2002）	第三阶段（2003 年以来）
1. 交通运输、邮电通讯业	1. 农林牧渔服务业	1. 交通运输、仓储和邮政业
2. 商业、餐饮业、物资供应与仓储业	2. 地质勘查业和水利地理业	2. 信息传输、计算机服务和软件业
3. 服务业	3. 交通运输、仓储及邮电通讯业	3. 批发和零售业
4. 公用事业	4. 批发和零售贸易、餐饮业	4. 住宿和餐饮业
5. 金融保险业	5. 金融保险业	5. 金融业
6. 房地产业	6. 房地产业	6. 房地产业
7. 科教文卫生体育福利事业	7. 社会服务业	7. 租赁和商务服务业
8. 国家机关、政党机关和社会团体	8. 卫生、体育和社会福利业	8. 科学研究、技术服务和地质勘探
9. 其他行业	9. 教育、文化艺术及广播电影电视业	9. 水利、环境和公共设施管理业
	10. 科学研究和综合技术	10. 居民服务和其他服务业
	11. 国家机关、政党机关和社会团体	11. 教育
	12. 其他行业	12. 卫生、社会保障和社会福利业
		13. 文化、体育和娱乐业
		14. 公共管理和社会组织
		15. 国际组织

　　资料来源：许宪春，中国服务业核算及其存在的问题研究，经济研究，2004（3）[①]。

---

　　① 程大中：《国际服务贸易》，高等教育出版社，2009 年版，第 33 页。

2.3.2　博彩业属于金融业

澳门理工学院王五一教授认为，由于博彩是一种金融投资活动，而博彩企业具有融资的功能，加上博彩业的资本运行轨迹符合货币资本的总公式，并成为国际金融竞争的重要领域，故博彩业可以被看作金融业的一个分支。

王五一教授在 2011 年 2 月出版的《博彩经济学》中认为，博彩业具有娱乐服务业和金融业的两栖特性。首先，作为娱乐服务业，博彩业被各国各地纳入旅游业的概念而成为一个经济体对外服务出口的有力杠杆；而作为金融业，它具有虚拟经济的特征，赌客参与博彩活动的投资特征，博彩企业具有融资的功能，并且正在成为国际金融竞争的重要领域，同时，它又被越来越多的国家或地区作为反洗钱的重要监控点。而作为两栖性产业，它导致了赌场建设的豪华竞赛以及市场失衡。

成思危（2003）认为，虚拟经济就是"以钱生钱"，通过交换和再交换这种虚拟的循环运动来达到盈利目的。从国际金融属性看，假设本国或地区不开赌，则本国或地区就面临大量赌资外流、洗钱等一系列国家经济利益受到严重损失的问题。博彩业在这样的国际背景下已经变成国（地区）和国（地区）之间争夺和维护经济利益的一种国际金融工具，但其本身却存在一个致命问题，就是它不具备创造任何财富的能力，而是已经创造出来的财富的再分配体系，但作为特殊国际金融市场，它呈现出国际博彩利益主体围绕赌资进行博弈的时代特征。

2.3.3　博彩业属于旅游娱乐业

澳门大学学者阮建中博士认为博彩业具有消费和投资双重特征，换言之，人们不仅仅是为了钱而赌博，也因为它能带来娱乐。此外，对于一个自然资源相对匮乏的地区或城市，如美国的拉斯维加斯和中国的澳门来说，博彩业是当地经济尤其是发展旅游业的一个重要吸引物。因此，博彩业尤其是中国澳门博彩业的产业性质应该属于旅游娱乐业。

2.3.4　博彩业属于娱乐服务业

目前社会主流观点认为博彩业应属于休闲服务业，因为博彩过程就是赌客们到赌场娱乐消费的过程，赌场为赌客们提供娱乐设施设备和各种娱乐服务的过程。美国经济学家哈罗德·沃格尔也认为博彩业属于娱乐服务业。究其原因，主要有：首先，从赌场来看，各国赌场都是按照服务业的标准来设计和接待赌客的，都是希望借助优质的软硬件服务提高赌客满意度，进而吸引更多赌客前来消费；其次，从赌场提供的服务来看，目前绝大多数赌场都是提供综合娱乐休闲服务的，除了博彩娱乐活动，赌客可以足不出户，在赌场内就能满足各种需求，各种商品和服务应有尽有、琳琅满目，赌场可以提供住宿、餐饮、购物等各种娱乐休闲服务。再次，从赌客本身来看，不论是旅游休闲度假的外来游客，还是土生土长的本地居民，都认为进赌场娱乐，是一种接受赌场娱乐服务的消费行为，不是用少量金钱以少博大的投资行为，不是志在必得的发财致富行为。即使少量问题赌徒沉迷其中，也是他们深陷娱乐服务、过度消费的结果。综上可见，博彩业的娱乐服务特征是显而易见的。

在国际上，如美国，将赌场纳入娱乐服务业。1997年，美国政府把博彩产业分别归入第七十一小类（Sector 71）：艺术、娱乐和消遣，以及第七十二小类（Sector 72）：住宿及饮食服务[①]，把商业体育、艺术博物馆和赌场归入同一类。

本文认为，博彩其实是娱乐性休闲消费，是情境消费，其本身就是体验消费、精神消费的过程。休闲消费是以一定的物质形态为载体而达到消费者内心的消费活动，博彩业是借助一定的物质载体，进行以精神消费为核心内容的消费。如同美国将博彩业视作娱乐服务业并纳入了产业体系目录，博彩业在中国同样具有这个产业的性质。博彩业是第三产业，也是第三次分配的工具。传统的第一次分配、第二次分配分别是由市场和政府完成的。而第三次分配是一种道德力量介入的分配——基于道德信念进行收

[①]　曾忠禄：《全球赌场扫描现状与趋势》，中国经济出版社，2010年版，第140页。

入分配，具有习惯和道德调节效应，指的是个人自愿将收入的一部分转让出去的行为，比如在道德的激励下，社会责任感使得一部分人对公益事业有独特情感，个人缴纳或捐献的数额越多，道德力量对收入再分配的力量也越大。彩票就具有这个公益动机。

2.4 博彩关联产业及产业链

关联产业是指与主体产业密切相关的产业。关联产业紧紧配合和围绕主体产业的发展而发展，是作为主体产业的配套部分，往往因主体产业的不同而不同。

关联产业自身形成的链条被称为关联产业链。关联产业链分为支撑性产业链和带动性产业链。支撑性产业链是指围绕产品（服务）从生产到消费整个过程不可或缺的核心要素，如原材料、厂房、机器设备、技术、资金、劳动力等，他们与主体产业链前后连接，形成完整的系统。带动产业链是指生产消费某类产品（服务），会带动或导致其他产品（服务）的生产和消费，如发展旅游业，就会带动住宿、交通、购物、娱乐、餐饮等行业的消费，这些住宿、交通等产业就是旅游业的带动产业链。

2.4.1 博彩关联产业

本文认为，博彩的关联产业包括：旅游业、餐饮业、传媒业、娱乐业、金融业、电子信息业等。

1. 旅游业。不同国家和地区通过发行彩票，为国家和社会筹集了大量彩票公益资金，同时带动了就业，增加了当地的财政收入，促进地方经济社会的发展，彩票发行销售也与地方旅游基础设施建设相结合，实现了彩票业的发展与旅游业繁荣"双赢"。在开放赛马和赌场的国家和地区，博彩业直接促进旅游收入的迅速增长。

2. 餐饮业。随着博彩业的逐步发展，势必吸引大量外来游客和本地居民参与其中，"民以食为天"，大量人口的聚集必然有餐饮需求，这样，餐饮作为传统服务业直接受益于博彩业的发展。博彩业开放的国家和地区往往会成为新型旅游文化地区，由此带来旅游观光、会展娱乐和餐饮业的发展。

3. 传媒业。如今，传媒业与博彩业二者的关联性越来越强。一方面，博彩业为传媒业带来了焦点和收视率，博彩新闻事件的吸引力和影响力比其他新闻更高，博彩大奖巨奖往往会被媒体加以渲染宣传，大众的收视率和点击率很高。另一方面，博彩本身就是传媒广告的一个新型传播媒介，无论纸质彩票还是电子彩票都无一例外地被植入广告内容，通过彩票这一媒介传播，广告信息直接到达了受众群众，提高了广告商品或服务在公众中的知晓度和影响力。再一方面，博彩业的有效促销和宣传，需要借助专业、准确、高效的传媒产业支持。

4. 娱乐业。博彩业本身为社会大众提供娱乐服务，在博彩业发达的地区，该地区的其他娱乐设施设备和服务也往往一应俱全，满足赌客多方面的娱乐休闲需求，各类大型娱乐活动如明星演唱会、马戏表演、电影、电视和博彩业共同举办，吸引了形形色色的游客，往往事半功倍，达到博彩娱乐和其他娱乐双赢的目的。

5. 电子信息产业。随着社会的发展和人类的进步，各类电子信息化技术的飞速发展，给博彩产业带来了前所未有的发展机遇，博彩产业已经从一个传统产业演化为了技术产业，博彩业在互联网等信息技术的支持下，已经获得了飞跃发展。科技特别是互联网为博彩的发展提供了巨大的想象空间，博彩产品几乎可以与现代人们生活中的任何消费产品跨界融合，如与零售业相结合，可以在商店、超市、餐厅、大型购物商场等零售场所放置博彩终端设备，为顾客提供便捷的购彩服务。与银行、加油站、地铁、高铁、航空业结合，可以在银行等候区、加油站、地铁、高铁、机场候机休息场所放置博彩终端设备，甚至与银行、高铁、机票销售代理等部门合作，为顾客提供博彩产品。

6. 金融业。在现代博彩产业发展中，至关重要的是安全、稳定、诚信的保障体系，尤其是博彩资金的安全问题，决定着博彩产业能否良性发展。

综上可见，博彩业与传统产业、服务产业以及现代产业的发展密切相关。博彩业关联产业多，并且关联产业链条长。博彩相关产业如图 2-1 所示。

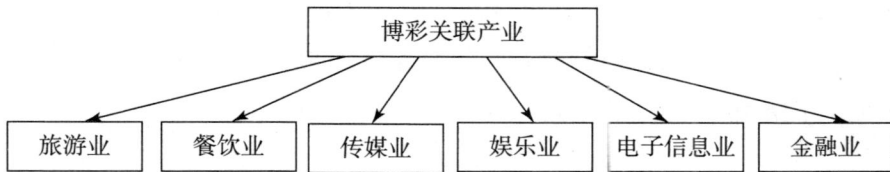

图 2-1　博彩关联产业

2.4.2　博彩产业链

2.4.2.1　彩票业产业链

彩票业是劳动密集型产业，能够为社会提供大量的就业岗位，如设计、印刷、销售、兑奖等过程都需要大量人工参与完成，机器人无法替代。彩票业还带动不少关联产业，如印刷、运输、邮电、服务业等行业的发展，彩票从发行、信息发布与传递、设备研发等环节上看，至少涉及 IT、造纸、印刷、出版、电信、互联网、电视、广告、机器制造、租赁、公证、审计等十多个行业。其主要的上下游相关产业如图 2-2 所示。

图 2-2　彩票相关的上下游产业链

2.4.2.2　赛马关联产业及产业链

首先，赛马业也是劳动密集型产业，马匹、马场及其关联产业能够提供大量的就业岗位。仅赛马所需的直接人员就包括骑师、裁判、教练、练马师、司匝员、马场管理员、铁蹄师、马医等十余种。而带动的相关产业包括传媒电视报刊、旅游、金融、广告等。英国赛马业发展强劲，直接提供了大约 22000 余个就业机会，其核心产业提供了 18800 个左右的全职就业，此外，赛马业的相关产业提供了另外的 25000 个以上工作岗位。其主要的上下游相关产业如图 2-3 所示。

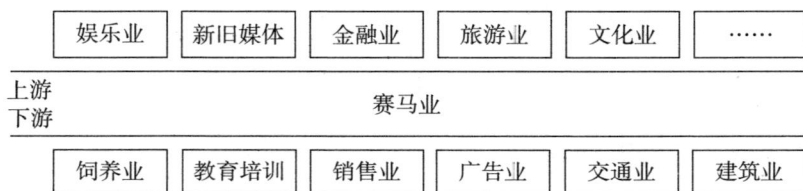

娱乐业	新旧媒体	金融业	旅游业	文化业	……
上游下游		赛马业			
饲养业	教育培训	销售业	广告业	交通业	建筑业

图 2-3　赛马相关的上下游产业链

2.4.2.3　赌场产业链

博彩业的发展离不开相关产业的支持，与相关产业的发展密不可分。博彩业在初期发展过程中即与建筑业、印刷业、运输业、体育产业、娱乐业密切相连。特别是赌场的建设、运营及发展中涉及的方方面面的产业就更多了，其主要的上下游相关产业如图 2-4 所示。

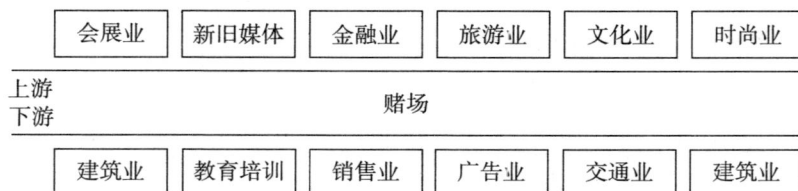

会展业	新旧媒体	金融业	旅游业	文化业	时尚业
上游下游		赌场			
建筑业	教育培训	销售业	广告业	交通业	建筑业

图 2-4　赌场相关的上下游产业链

以赌场的建设为例，拉斯维加斯在 1993—2007 年 15 次炸旧楼建新楼，赌场的翻新速度几乎是每年炸 1 个楼。在我国，以澳门的赌场建设为例（见表 2-6），它带动了旅游、饭店、餐饮、零售等产业的发展。

表 2-6　中国澳门赌场建设一览表

博彩公司	娱乐场名称	投资额（亿澳门元）	建筑面积（平方尺）	占地面积（平方尺）	酒店房间数	赌台数	赌机数	开张日期或预计开张日期
威尼斯人	金沙	30		1000000	289	740	1254	2004/5/18
威尼斯人	威尼斯人度假村	144	10500000		3000	875	3700	2007/8/28
威尼斯人	四季				400	175	400	2008 年
威尼斯人	香格里拉				1500	325	1750	2011 年
威尼斯人	希尔顿				248	220	500	预计 2012 年开业
威尼斯人	澳门帝豪				3000	325	1750	预计 2012 年开业
威尼斯人	Fairmont Raffles Holdings				1500	325	1750	预计 2013 年开业
永利	永利澳门	56	256719	604000	600	200	350	2006/9/6
永利	万利			123000		220	930	2010/4/21
银河	华都	5		31500	161	63	71	2004/7/4
银河	星际	30	855000	2000000	507	290	371	2006/10/19
银河	金都			150694	342	168	330	2006/5/21
银河	利澳			70000	450	85	150	2006 年 3 月

续表

博彩公司	娱乐场名称	投资额（亿澳门元）	建筑面积（平方尺）	占地面积（平方尺）	酒店房间数	赌台数	赌机数	开张日期或预计开张日期
银河	总统				212	75		2006年4月
银河	澳门银河	41.94	5500000	5000000	6300	700	4000	2011年4月
美高梅濠	美高梅金殿	100	2000000	322000	600	385	888	2007/12/18
美高梅濠	美高梅金殿二期			39600		70	240	2008年中
新濠博亚	新濠锋	15	954000		216	220	500	2007/5/12
新濠博亚	骏景				406	49	142	2005/1/20
新濠博亚	新濠天地				1400	413	1315	2009/6/1
新濠博亚	摩卡（皇都）			3000			83	2003/9/29
新濠博亚	摩卡（金城）			8000			216	2004/1/5
新濠博亚	摩卡（骏景）			6200			142	2005/4/29
新濠博亚	摩卡（新丽华）			7500			135	2005/11/18
新濠博亚	摩卡（格兰）			10000			130	2005/1/20
新濠博亚	摩卡（海冠）			20000			260	2006/11/30
新濠博亚	摩卡（广场）							2007/10/8
新濠博亚	澳门影城				2150	400	1000	预计2012年开业

续表

博彩公司	娱乐场名称	投资额（亿澳门元）	建筑面积（平方尺）	占地面积（平方尺）	酒店房间数	赌台数	赌机数	开张日期或预计开张日期
澳博	葡京				1000	148	107	1970年
澳博	新葡京	50	1215000	108000	420	273	746	2007/2/11
澳博	新回力					61	208	
澳博	兰桂坊					72		
澳博	海立方		279945			269	569	2009/12/18
澳博	集美			12140	435	11	59	
澳博	假日钻石				410	6	32	
澳博	金碧					71	24	
澳博	励骏会				451	38	491	
澳博	游艇会			45900	312	20	37	
澳博	希腊神话				554	228	100	2004/12/23
澳博	希腊神话二期					280	200	2008年
澳博	新世纪					500	100	
澳博	赛马会				407	13	107	
澳博	皇家金堡				381	53	123	
澳博	金龙				483	85	260	
澳博	财神					35		

续表

博彩公司	娱乐场名称	投资额（亿澳门元）	建筑面积（平方尺）	占地面积（平方尺）	酒店房间数	赌台数	赌机数	开张日期或预计开张日期
澳博	英皇宫殿				300	64	356	
澳博	巴比伦					45	120	
澳博	海岛娱				326	8	10	
澳博	十六浦	24	1170000		420	150	320	2008/2/1
澳博	皇庭海景					20	37	
澳博	皇宫					34	333	
澳博	凯旋门					183	420	2009/9/21

资料来源：王五一，《博彩经济学》，人民出版社，2011 年版，第 104 页。

2.5 本章小结

通过本章分析，总结如下：

第一，博彩产品的出现是为了满足人们的娱乐需求，博彩业的发展经历了竞技、斗智娱乐性游戏——自娱、互娱性博彩——个别的、简单的商业性博彩——扩大的、复杂的商业性博彩——网络商业博彩的历史过程。博彩产品从简单、少量、偶尔供给到复杂、多样、高科技供给，如今更是商业化、市场化、产业化供给，人们对博彩娱乐的需求有增无减，越来越大。

第二，博彩产品有三种形式：彩票、赌场、赛马。这三种博彩具有投注权、不确定性、竞争性、娱乐性、负面性等共同特征，三种博彩产品也有差异性和互补性。三者在技巧性、管控难易度及安全性、社会影响力、动机、投机机制、分配主导方面存在差异。其共性和差异性的客观存在，意味着它们之间具有一定的互补替代性，对于博彩产品的选择要充分考虑其差异性。

第三，博彩产业属于第三产业，本书认为，博彩业是第三产业中的娱乐服务业，是社会财富的第三次分配。

第四，博彩产业与传统产业、服务业、现代产业等关联产业联系密切。博彩业的前向、后向产业链较长，博彩业能带动这些关联产业的发展。

第3章 博彩业经济社会效应的理论分析

博彩业作为一个敏感而颇具争议的产业，其正效应和负效应历来备受关注，凡是打算开放博彩业的国家或地区无不对该产业进行经济社会影响分析，通过正负效应博弈选择，决定是开赌还是禁赌。本章从博彩业的经济、社会正负效应四个方面14个维度进行深入评价，以客观认识博彩产业，为我国是否开放博彩业进行理论探讨。这14个维度（见表3-1）分别为：

表3-1 博彩业经济社会效应评价的14个维度

经济正效应（5个）	社会正效应（3个）
• 促进财政收入 • 促进就业 • 带动关联产业，促进消费 • 形成乘数效应 • 促进入口替代（夺回）效应	• 为公益慈善做贡献 • 缩小贫富差距 • 促进现代生活的休闲化、娱乐化
经济负效应（3个）	**社会负效应（3个）**
• 寻租 • 行业吞噬效应 • 挤出效应	• 助长投机心理抑制实体经济 • 导致违法犯罪 • 产生问题赌徒或病态赌徒

经济正效应5个，包括博彩业促进财政收入；促进就业；带动关联产

业，促进消费；形成乘数效应；促进入口替代（夺回）效应。

经济负效应3个，包括博彩业会导致寻租；行业吞噬效应；挤出效应。

社会正效应3个，包括博彩业为公益慈善做贡献；实现第三次分配，缩小贫富差距；促进现代生活的休闲化、娱乐化。

社会负效应3个，包括博彩业助长投机心理抑制实体经济；导致违法犯罪；产生问题赌徒或病态赌徒。

3.1 博彩业的正效应

尽管博彩业备受争议，但其经济、社会正效应的日渐凸显成了各个国家或地区竞相开放发展博彩业的主要诱因，尤其是其促进财政收入、创造就业机会、带动关联产业、发挥乘数效应、入口夺回效应的正向经济效应，成为各国或地区开赌的首要考虑。当然，其收入用于公益慈善的宗旨、劫富济贫、提供休闲娱乐的社会正效应也成了开赌国或地区的政策依据。

3.1.1 博彩业的经济正效应

"给经济以活力，给政府以税收，给博彩者以希望"的博彩业已成为世界性的筹资手段和特殊行业。毫无例外，博彩业筹集社会公益金、创造税收、增加就业、带动关联产业，为社会做出了重要贡献。

3.1.1.1 促进财政收入

不同国家和地区通过博彩业不仅筹集了资金，而且增加了政府税收。以中国彩票销量为例，2011年我国彩票销量为2215亿元，一方面筹集了635亿公益金，另一方面按照50%的返奖比率，相当于向市场提供了1107亿的消费资金，根据最低税率，若全部用于消费则至少会创造出70亿以上的税收。同时，在销售彩票过程中，如果个人中奖金额超过1万元（不包括1万元），按照法律规定，应向国家缴纳20%的个人所得税，根据《2011年全国彩票年鉴》，2010年我国征收彩票个人所得税为40多亿元。随着福利彩票和体育彩票发行总额越来越大，我国彩票发行量不断增长，必将给我国经济以巨大活力、给国家带来更多税收。在西方发达国家，彩民购买彩票被称为"微笑纳税"，指通过募捐、购买彩票等途径筹集社会"闲散"资金，用于公共公益福利事业。

根据估算，从1987至2011年我国福利彩票和体育彩票销售总额为10957亿元；按照50%的返奖率（即开型彩票是从2006年开始65%），则至少返奖5478亿元；这意味着从1987到2011年彩票业至少向市场提供了5478亿的消费资金，即使按照最低6%的营业税率，也须向国家缴纳300多亿的税款；另外，根据2002—2010年全国彩票机构代扣代缴中奖奖金个人所得税情况，我国福利彩票和体育彩票共代扣代缴中奖奖金个人所得税为239亿元。综上，从1987年至今我国彩票业至少向国家上缴税收539亿元。1987年以来，彩票销售情况、中奖情况、缴纳税款情况分别如表3-2、表3-3、表3-4所示。

表3-2　1987—2011年中国彩票销售情况统计表

单位：亿元

年份 \ 类型	福利彩票	体育彩票	合计
1987	0.17		0.17
1988	3.76		3.76
1989	3.83		3.83
1990	6.47		6.47
1991	7.73		7.73
1992	13.75		13.75

续表

年份＼类型	福利彩票	体育彩票	合计
1993	18.42		18.42
1994	17.98		17.98
1995	57.3	10	67.3
1996	64.75	12	76.75
1997	36.37	15	51.37
1998	63.19	25	88.19
1999	104.44	40.35	144.79
2000	89.88	91.14	181.02
2001	139.57	149.29	288.86
2002	167.99	217.73	385.72
2003	200.05	201.34	401.4
2004	226.37	154.19	380.57
2005	411.2	302.65	713.86
2006	495.67	323.62	819.3
2007	631.59	385.13	1016.73
2008	603.47	456	1059.47
2009	755.83	568.8	1324.63
2010	968.02	694.65	1662.67
2011	1277.93	937	2214.93
合计	6365.83	3667.87	10033.7

资料来源：历年《全国彩票年鉴》

表 3-3 2002—2010 年全国彩票中百万以上大奖个数

单位：个

年份	福利彩票机构	体育彩票机构	合计
2002	874	1141	2015
2003	766	774	1540
2004	1017	627	1644
2005	806	606	1412
2006	873	534	1407
2007	1023	533	1556
2008	873	872	1745
2009	1137	1037	2174
2010	1348	1118	2466
合计	8717	7242	15959

资料来源：《2011 年中国彩票年鉴》，中国财政经济出版社，2011 年版。

表 3-4 2002—2010 年全国彩票机构代扣代缴中奖奖金个人所得税情况

单位：万元

年份	福利彩票机构	体育彩票机构	合计
2002	78606.53	121109.45	199715.98
2003	84221.75	123735.36	207957.11
2004	96053.50	86883.14	182936.64
2005	105357.07	70823.65	176180.72
2006	112917.80	127554.33	240472.13
2007	156994.13	142039.91	299034.04
2008	159522.18	152544.72	312066.90
2009	198950.60	166801.30	365751.90
2010	232340.43	169751.12	402091.55
合计	1224963.99	1161242.98	2386206.97

资料来源：《2011 年中国彩票年鉴》，中国财政经济出版社，2011 年版。

3.1.1.2 促进就业

彩票业作为一个劳动密集型产业，因其点多面广创造出了大量就业机会。从近几年我国彩票发展的情况来看，我国彩票行业已经为社会提供了大量就业岗位，解决了很多人的就业问题，包括高等院校应届毕业生、退伍军人和下岗职工等。目前，我国遍布城乡的大大小小电脑彩票投注站多为专营店，各省、自治区、直辖市的投注站可以根据业务大小需要外聘销售员。此外，我国即开型福利彩票刮刮乐、即开型体育彩票顶呱刮除了在彩票投注站销售外，在我国不同地区还建立了中心站，这些中心站又扩展其他区域网点，拓展了不同社会销售渠道，提供了更多的就业机会。据前国家体育彩票管理中心主任孙晋芳介绍说，我国体育彩票的销售人员政策是向下岗职工倾斜的，给他们创造了就业机会。而且体育彩票网点的收益再投资及大奖得主奖金的投资又潜在地解决了一部分人的生计问题[1]。到2010年，全国福利彩票、体育彩票各销售终端已经超过26万个，按每个彩票投注站至少有2名销售人员，我国从业人员约有60万人。彩票行业还促进了相关产业发展，为彩票的设计、印刷、仓储、物流、销售、开兑奖设备、广告、电子通讯、金融等行业提供了就业岗位，此外，还有遍布各省的大量"中福在线"营业大厅，营业大厅集中销售提供的销售服务岗位更多，由此可以推算，全国彩票业大约可以创造出70万个就业机会。2010年，全国各地区彩票机构投注站数量总共为258221个，2005–2010年平均年增长率达到15.2%，具体如表3–5、表3–6所示。

据有关资料，法国不足6000万人口，彩票销售网点就有5万多个，从事彩票销售的人员就有10万余人，占全国人口的1.67‰。据世界彩票期刊LaFleur's Lottery World统计，1998年底，美国38个州级彩票管理机构共有6500名雇员，每个机构平均为171人；加拿大5个彩票管理机构共雇用了2452人。

---

① 李海：《体育博彩概论》，复旦大学出版社，2004年版，第72页。

表3-5 2010年全国各地区彩票机构投注站数量一览表

地区	福利彩票机构	体育彩票机构	合计
北京	2500	2184	4684
天津	1834	2300	4134
河北	6650	2428	9078
山西	2858	1194	4052
内蒙古	3524	3310	6834
辽宁	5880	5128	11008
吉林	3691	3059	6750
黑龙江	7430	4191	11621
上海	3000	1957	4957
江苏	10210	12000	22210
浙江	5040	6518	11558
安徽	6092	5788	11880
福建	4571	4927	9498
江西	3237	3820	7057
山东	10037	7526	17563
河南	9300	5168	14168
湖北	6212	4589	10801
湖南	5911	4677	10588
广东	12830	8419	21249
广西	3454	1317	4771
海南	842	848	1690
重庆	2573	2050	4623
四川	6543	5850	12393
贵州	3234	2469	5703
云南	4926	3579	8505
西藏	343	215	558
陕西	3841	3011	6852

地区	福利彩票机构	体育彩票机构	合计
甘肃	3095	2123	5218
青海	888	426	1314
宁夏	919	765	1684
新疆	3085	2135	5220
合计	144250	113971	258221

资料来源:《2011 年彩票年鉴》,中国财政经济出版社,2011 年 12 月。

表 3-6 2005—2010 年全国彩票机构投注终端数量一览表

单位:台

年份	福利彩票机构	体育彩票机构	合计
2005	77969	49914	127883
2006	93138	65040	158178
2007	104526	79055	183581
2008	115487	96828	212315
2009	125415	111317	236732
2010	144250	113971	258221
平均年增长率（%）			15.2

资料来源:《2011 年中国彩票年鉴》,中国财政经济出版社,2011 年版。

此外,博彩业作为中国澳门最重要的主导产业,直接带动了旅游业的发展,也带动了相关行业如交通、酒店、饮食、金融、商业等服务业的发展,同时扩大了社会就业机会[①]。

3.1.1.3 带动关联产业,促进消费

产业间的关联方式为前向关联关系、后向关联关系和侧向关联关系。博彩业与传统产业、服务业以及现代产业的发展密切相关。具体关联如图

---

① 陈立基、范祚军:《中国彩票市场发展研究》,广西人民出版社,2006 年版。

3-1 所示。博彩业的休闲娱乐功能使其与其他行业相叠加，博彩业与餐饮、零售、娱乐演出、会展、旅游度假等联系密切。博彩甚至成了产业多元化的引擎，博彩与旅游的结合相对最为紧密，博彩是特殊的旅游吸引物，而旅游是一个行业相关性极强的产业，对相关行业的拉动系数达到 1∶5 左右。推动博彩业与旅游业融合，拓宽区域内旅游业半径，协调旅游业与其他产业，如会展业、娱乐业、文化产业以及商业、工业、制造业、农业等之间的衔接和整合，使得博彩更好地促进相关产业发展，从而促进消费。

前向	会展业	新旧媒体	金融业	旅游业	文化业	时尚业
侧向		酒店业	餐饮业	博彩	批发零售	通信业
后向	建筑业	教育培训	销售业	广告业	交通物流	建筑业

图 3-1　博彩业带动的前向、后向、侧向关联的主要产业

3.1.1.4　博彩业的乘数效应

乘数效应是指假设在一定时期内，各部门的技术和管理水平保持恒定，那么各部门的产出仅与最终需求相关。当最终需求发生变化时，必然会导致所有部门的总产出发生变化，进而引起中间部门的产出发生相应的联动变化，经过无数次循环后，投入产出将达到新的均衡状态，这一现象被称为乘数效应。

美国学者 REAL（2003）以美国伊利诺伊州为例运用乘数理论研究博彩经济，2001 年该州赌场从本地销售商那里直接消费了约 18500 万美元（约占赌场总消费的 55.4%），而这些消费令该州共增加了 70600 万美元的产出，或者说，伊利诺伊赌场在当地每消费 1 美元，就会使其他经济部门产生 2.82 美元的产出，乘数为 3.82；同时，伊利诺伊赌场还在当地提供了 2920 个职位，间接提供 8560 个职位，乘数达到 3.93。此外，赌场职员在伊利诺伊州还创造直接消费约 52500 万美元，间接消费 82500 万美元，乘数是 2.57。赌场职员在该州的消费直接带来 4560 个就业岗位，间接提供 8730 个就业岗位，乘数为 2.92。州政府开放博彩业后，直接增加产出 95200 万美元，间接增加产出 188400 万美元，乘数达到 2.98；以上产出又直接提供 9930 个就业岗位，间接提供 20230 个岗位，乘数达到 3.04。综上，伊利诺伊州博彩业直接增加产出 166100 万美元，间接增加产出 323100 万美元，乘数为 2.94；直接提供 17410 个就业岗位，间接提供 37520 个就业岗位，乘数是 3.15。而根据 1998 年 Rose A. 的研究成果，乘数效应是可以估算的，依据城市或地区的规模，小城市或地区乘数效应一般不超过 1.5；大中型城市或地区的乘数效应一般不超过 2；大都会、州或一个国家的乘数效应不超过 2.5。如康斯威辛州乘数为 1.8，密苏里州为 2.0，伊利诺伊州为 1.5，大部分州博彩业的乘数效应这个范围之内。

3.1.1.5 博彩业的入口替代（夺回）效应

博彩业入口替代效应是指当一个国家（地区）发现很多该国（地区）居民因当地禁赌而到周边国家（地区）进行博彩时，该国（地区）将面临开放博彩业的压力。若该国开赌就会产生博彩业入口替代效应，居民就会在当地进行博彩消费，对当地经济产生积极的影响。

博彩业夺回效应是指一个国家或地区的新赌场运用各种措施方法，把那些到外国或外地的赌客留在本国或者本地区的能力，往往通过赌场特色和优越的地理位置来吸引他们。

综上可见，博彩业入口替代效应和博彩业夺回效应很相似，但是二者都很难用准确的宏观数据来衡量。

3.1.2 博彩业的社会正效应

博彩业的社会正效应体现在博彩业的公益属性、劫富济贫、缩小贫富差距和丰富人们休闲娱乐活动三个方面。博彩业必须为公益慈善做贡献的定位无疑是最正面的社会效应，这样的定位把"罪恶"与慈善连在一起，"罪恶"越大，为慈善做出的贡献也就越大。

3.1.2.1 为公益慈善做贡献

1. 彩票的公益贡献

纵观全球，彩票筹集社会公益事业资金的功能已为各国政府和国民所认同。在世界上许多国家和地区，因彩票发行规模非常大，以至许多学者称其为"第二财政"。首先，以世界头号彩票大国美国为例，美国彩票筹集大量公益金，为社会公益慈善事业做出了重要贡献（见表3-7）。

表3-7 美国各州彩票公益金指定用途一览表

彩票公司	彩票公益金指定用途
佐治亚州	教育（希望奖学金计划、支援幼儿学前教育计划、技术/资本支出）
加利福尼亚州	k-12教育
科罗拉多州	公园与娱乐
康涅狄格州	一般基金
哥伦比亚特区	一般基金
特拉华州	一般基金
佛罗里达州	加强教育信托基金
亚利桑那州	公共交通，普通基金，救助，经济发展，遗迹维护基金，地方交通
爱达荷州	公立学校及州长期建设基金
伊利诺伊州	学校共同基金（12岁以下儿童公立学校）
印第安纳州	教育，牌照税，警察与消防员抚恤金，教师退休金，印第安纳建设基金
艾奥瓦州	一般基金和赌博治疗计划
堪萨斯州	经济发展、建设基金、青少年教育促进基金
肯塔基州	肯塔基州学费补助，州大学计划获得批准及肯塔基教育英才奖学金

续表

彩票公司	彩票公益金指定用途
路易斯安那州	州彩票收益基金（年立法机关通过）
缅因州	一般基金
马里兰州	一般基金
马萨诸塞州	城市及城镇
密歇根州	密歇根学校援助基金（12岁以下儿童公立学校）
明尼苏达州	一般基金及环境信托基金
密苏里州	教育
蒙大拿州	一般基金
内布拉斯加州	教育创新基金（25%），内布拉斯加州环境信托基金（49%）和强制赌客治疗计划
新罕布什尔州	12岁以下儿童教育
新泽西州	教育及公共机构
新墨西哥州	教育（60%设备改建；40%奖学金计划）
纽约州	12岁以下儿童教育
北卡罗来纳州	教育
俄亥俄州	教育
俄克拉荷马州	教育
俄勒冈州	经济发展，州立公园及鲑鱼恢复计划及教育（12岁以下儿童公立学校）
宾夕法尼亚州	老年人补助计划
罗德岛	贫困城镇，一般基金
南卡罗来纳州	教育
南达科他州	一般基金，基本建设基金，财产减税基金
田纳西州	学院及大学奖学金
得克萨斯州	学校基金会基金
佛蒙特州	教育
弗吉尼亚州	教育
华盛顿州	奖学金及学校建设基金（2001-07-01生效）

彩票公司	彩票公益金指定用途
西弗吉尼亚州	教育，老年人补助，旅游
威斯康星州	免除财产税

资料来源：《世界彩票博览》

其次，在世界范围内，彩票公益金为世界公益慈善做出了重要贡献，如表3-8所示。

表 3-8　部分国家和地区彩票公益金使用范围一览表

国家和地区	公益金使用范围
丹麦	政府财政、体育、文化教育、医疗卫生
法国	政府财政
德国	政府财政、体育、文化、环保、科学、社会、青年等
爱尔兰	体育、艺术、文化教育、青年
意大利	政府财政、体育
波兰	政府财政、体育、教育、医疗
西班牙	国家财政、体育、福利、癌症研究
美国	政府财政、文化教育、福利、慈善、社会开发
加拿大	政府财政、医疗卫生
新西兰	体育、科学研究、环境保护、文教、社区等
英国	政府财政、体育、文化教育、艺术、文物
俄罗斯	体育、文化、保健、青年
瑞士	体育、文化、科学研究、慈善
中国香港	社会福利、体育、康乐计划

资料来源：何祖军、殷明、李九领，"彩票公益金管理模式探讨"，《财税与会计》，2003 年第 3 期。

在我国，彩票业也筹集了大量彩票公益金（见图3-2、图3-3、图3-4、图3-5）。1987—2010 年，全国共创造了彩票公益金 1190 亿元（见表3-9）。

2000—2010年全国彩票公益金图示

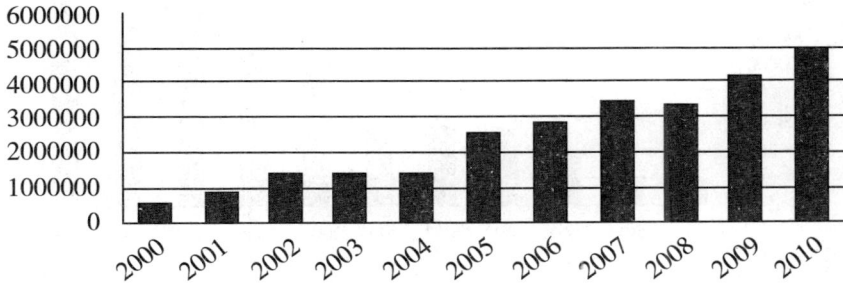

图 3-2　2000—2010 年全国彩票公益金图示

资料来源：作者依据财政部官方网站公布的数据整理。

2000—2010年全国彩票销量和公益金统计

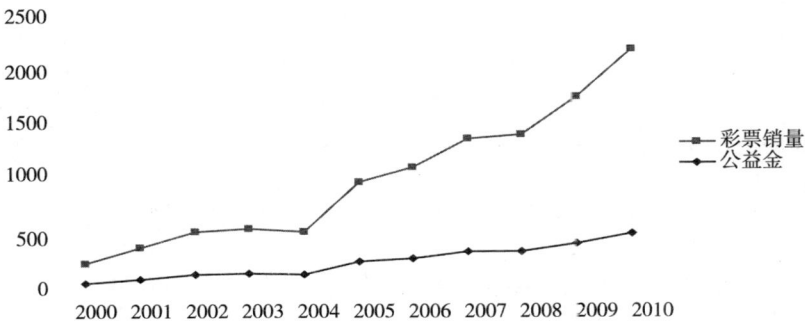

图 3-3　2000—2010 年全国彩票销量和公益金统计图

资料来源：作者依据财政部官方网站公布的数据整理。

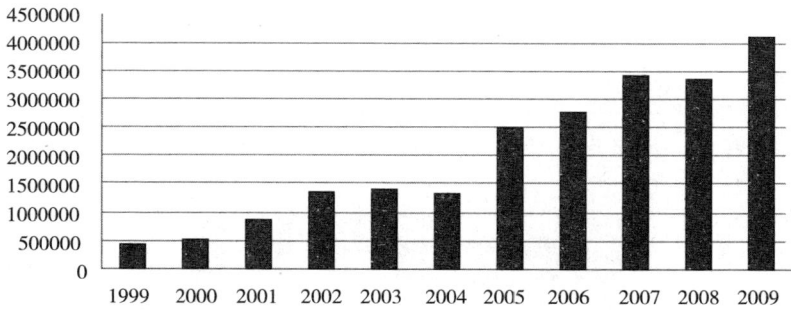

图 3-4　1999—2009 年全国彩票公益金图示

资料来源：作者依据财政部官方网站公布的数据整理。

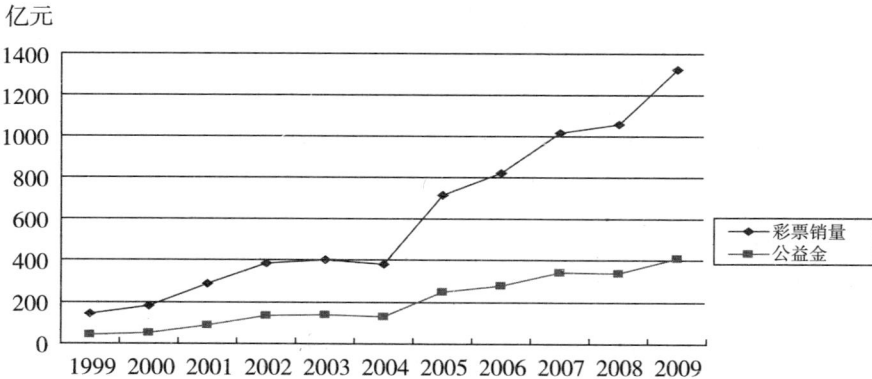

图 3-5　1999—2009 年全国彩票销量和公益金统计

资料来源：作者依据财政部官方网站公布的数据整理。

表 3-9　1987—2010 年全国彩票公益金统计表

（单位：万元）

年　份	福利彩票	体育彩票	合　计
1987	855.00		855.00
1988	12425.97		12425.97
1989	12624.83		12624.83
1990	20027.84		20027.84

续表

年　　份	福利彩票	体育彩票	合　　计
1991	24972.29		24972.29
1992	40599.30		40599.30
1993	54543.30		54543.30
1994	53441.60		53441.60
1995	169349.30	22542.33	191891.63
1996	191068.40	28747.06	219815.46
1997	101126.70	42718.79	143845.49
1998	195896.20	75951.70	271847.90
1999	304496.90	121112.60	425609.50
2000	242272.50	274591.80	516864.30
2001	419204.71	447963.59	867168.30
2002	587973.84	762059.90	1350033.74
2003	700199.35	704708.65	1404908.00
2004	792313.66	539687.22	1332000.88
2005	1430000.00	1068500.00	2498500.00
2006	1716000.00	1060000.00	2776000.00
2007	2170000.00	1257700.00	3427700.00
2008	2114000.00	1255700.00	3369700.00
2009	2480000.00	1650000.00	4114974.00
2010	3038300.00	1919800.00	4958100.00
合计	6961691.69	4939883.64	11901575.33

注：1987 年至 2006 年，我国累计筹集彩票公益金 1219 亿元。

资料来源：作者依据财政部官方网站公布的数据整理。

以"扶老、助残、救孤、济困"为宗旨的福利彩票和以"来之于民、用之于民""发展体育运动、促进全民健身"为宗旨的体育彩票都为社会公益慈善事业做出了重要贡献。

福利彩票公益金所资助的项目，基本上可以分为设施类项目和非设施类项目两大类。设施类项目是指全国城乡社会福利设施、救助管理机构设施、优抚医院设施、烈士陵园设施等基础建设项目，受资助项目总数已超过 10 万个（见图 3-6）。

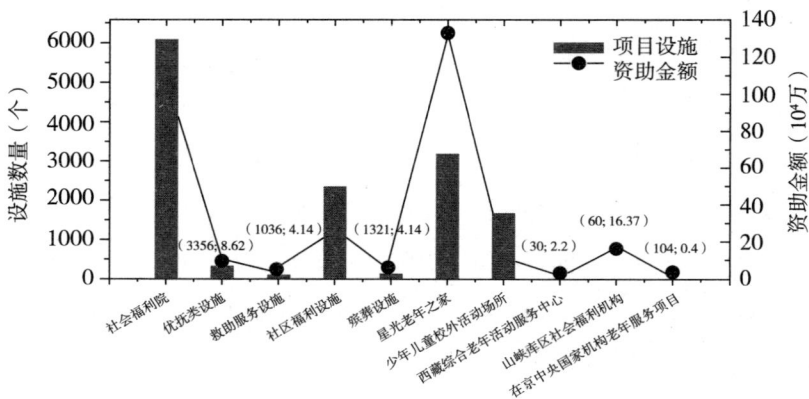

图 3-6　福利彩票公益金资助设施类项目表

资料来源：中华人民共和国民政部编，《中国民政统计年鉴 2008》，中国统计出版社，2008 年 12 月。

非设施类项目是指用于孤残儿童手术康复、残疾儿童特殊教育、伤残军人更换假肢、爱心献劳模、捐资助学等无使用性设施的受助项目，以福利彩票公益金提供资助，地方福利彩票公益金以及地方财政资金配套，多方为共同项目目标按比例投入的模式运作（见图 3-7）。截至 2007 年底，民政部门共向受资助单位和受益对象支付非使用设施类项目资金 117584.92 万元，受益对象达到 30 万人。

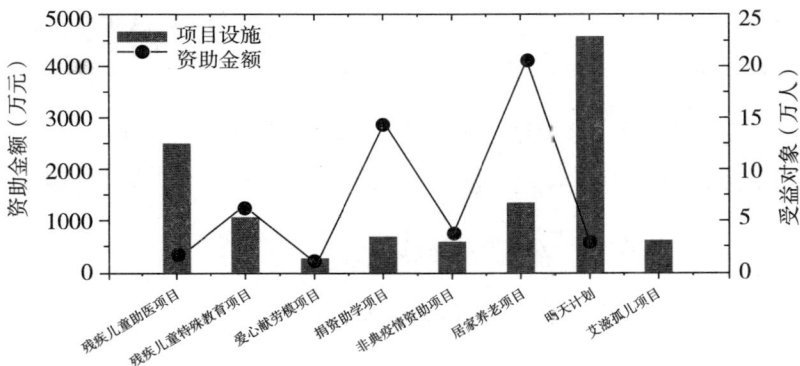

图3-7 福利彩票公益金资助非设施类项目表

资料来源：中华人民共和国民政部编，《中国民政统计年鉴2008》，中国统计出版社，2008年12月。

根据相关规定[①]，我国体育彩票的公益金主要用于贯彻落实《全民健身计划纲要》和《奥运争光计划纲要》中的以下开支：（1）资助开展全民健身活动；（2）弥补大型体育比赛经费不足；（3）修建和增建体育设施；（4）体育扶贫工程专项支出。例如，2000年上海市利用体育彩票留存的公益金支持了在上海举行的全国残疾人运动会，并支持建造了西藏日喀则体育馆。此外，北京市利用电脑体育彩票留存公益金80万元支持了西藏体育事业，并为第21届世界大学生运动会提供了2000万元的资金支持。

2. 赛马公益贡献——以香港赛马会为例

有人说，管治中国香港的有三个机构：一个自然是港府；另一个则是香港最大的银行汇丰银行——市面上的港币10张里有8张是汇丰银行发行的；还有一个便是赛马会。赛马会是中国香港最大的慈善机构，全香港600万市民都与马会有直接或间接的关系。香港赛马会是非牟利机构，赛马的总收入按照奖金、政府税收和马会佣金三部分进行分配。

---

① 依据1998年9月1日国家体育总局、财政部、中国人民银行发布《体育彩票公益金管理暂行办法》第十八条规定。

税收方面，2002 至 2010 年间，赛马会缴纳的税款从 109 亿增长到了 136 亿港币，其中赛马博彩税所占比例最低时为 2009—2010 年度的 62.5%，最高为 2002—2003 年度的 87%。2006—2007 年度香港赛马会缴纳税款为 126.44 亿，占政府总税收的 8.2%，为中国香港纳税最多的机构（见表 3–10）。

表 3–10　香港赛马会缴纳税款情况

博彩及 利得税	2002 /2003	2003 /2004	2004 /2005	2005 /2006	2006 /2007	2007 /2008	2008 /2009	2009 /2010
博彩税 （赛马）	95.17	87.79	83.52	79.43	80.39	81.78	82.28	85.38
博彩税 （足球）		16.51	20.31	25.58	27.13	31.02	29.00	32.07
博彩税 （六合彩）	12.71	14.65	16.50	15.73	16.47	15.96	16.07	15.94
利得税	1.47	2.86	3.02	3.34	2.45	2.39	2.41	2.82
税款总额	109.35	121.81	123.36	124.05	126.44	131.15	129.76	136.21

数据来源：香港赛马会网站，http://www.hkjc.com。

教育方面，赛马会提供了各种奖学金和助学金，帮助弱势群体获得教育机会。1987 年，赛马会为新建的香港科技大学提供了 19 亿港元的赞助。

此外，赛马会还是中国香港最大的雇主之一，共有约 4200 名正式职员，13000 名短期雇员。可以说，赛马会在中国香港社会的各个方面都发挥着重要的影响力。

3. 赌场的公益贡献——以中国澳门为例

博彩业管理体制相对完善的国家和地区，均把博彩业视为公益慈善事业，并由政府垄断经营。中国澳门的博彩经验表明，合理、规范、适度的博彩业，不仅能够推动当地的经济发展，而且能拉动旅游、餐饮等相关产业，增加当地的财税收入，从而为社会公益事业做贡献。

3.1.2.2 劫富济贫、缩小贫富差距

著名经济学家厉以宁认为："在市场经济中，人们通常把市场主导的收入分配称作第一次分配，把政府主持下的收入分配，称作第二次分配"，"在两次收入分配之外，还存在着第三次分配——基于道德信念而进行的收入分配"。这表明，第一次分配属于市场行为，第二次分配属于政府行为，第三次分配则属于道德信念的自觉行为，是对第一、第二次分配的有益补充，使社会财富分配更加合理。显然，博彩业在财富分配上起着第三次分配的作用。世界各国政府之所以使博彩业合法化并大力开放发展博彩业，最重要的原因就是博彩业在调节社会分配方面发挥正面作用。将博彩参与者的货币支付转化为公益基金，是一个聚少成多、积小成大的过程，而公益金则主要用于低收入人群、残障弱势群体等"扶弱济困"公益事业，从而实现了劫富济贫、缩小社会贫富差距的目的。

3.1.2.3 促进现代生活的休闲化、娱乐化

博彩活动把侥幸、冒险、竞争、投机、娱乐等影响人们心理需求的各种因素结合在一起，增加了博彩的特殊魅力。在博彩活动中，人们会扮演不同的角色，变成一种最休闲的状态，人世间的烦恼会转瞬即逝，时刻准备享受博彩过程中可能出现的令人兴奋的结果。博彩活动可以让人逃避烦恼、放松心情、娱悦身心，还能带来刺激和惊喜，满足人们冒险和娱乐的双重心理需求，丰富了人们业余文化生活。2008年，我国内地人均GDP达到3267美元，进入中等收入阶段。按照国际经验，人均GDP达到3000美元后，社会将进入休闲时代，民众消费能力、消费需求将发生较大改变，居民生活方式、城市功能和产业结构将日趋"休闲化"。所谓休闲，就是通过个人自主性游憩行为，达到身心愉悦的一种过程。博彩业是休闲时代迎合人们休闲娱乐需要的有效方式，它的娱乐、紧张、刺激性能够弥补传

统观光旅游业的某些缺陷。博彩业自古存在，是其他服务所替代不了的，有需求就会有供应。博彩并不是赌徒的专属，它也能成为一种大众化娱乐方式。博彩的休闲性、娱乐性使得博彩文化迅速发展，博彩文化反过来又促进了博彩业的健康发展。

3.2　博彩业的负效应

不可否认，世界著名的大赌城拉斯维加斯、蒙特卡洛、中国澳门、大西洋城，均以博彩业为支柱产业，博彩业直接或间接带动了当地其他行业的兴旺，极大地推动了当地经济和社会的发展。但是，在看到博彩业对当地经济社会产生积极影响的同时，我们还应清醒地看到博彩业不可避免地给经济社会带来了一些负面影响。所谓"是药三分毒"，任何事物都具有两面性。相对于博彩的正面影响，很多学者更关注博彩业带来的负面影响。在作者研读的博彩业的外文文献著作中，一半以上的研究涉及博彩业所带来的社会问题。下文将从经济负效应和社会负效应两个方面分析。

3.2.1　博彩业的经济负效应

对博彩业的经济效应，必须以辩证的思维进行理解和把握，既要肯定其正效应，也不能忽视其负效应。根据各国博彩业的实践经验，博彩业的经济负效应主要包括导致寻租、行业吞噬效应、挤出效应等。

3.2.1.1　导致寻租

"租"，本来意思专指地租，即土地作为生产要素投入生产经营活动所获得的收益。现代西方经济学，将"租"的内涵扩展到了"经济租"的更广范畴，租金概念包括了一切生产要素所产生的超额利润。"寻租"是指人类社会中非生产性的追求经济利益的活动。在政府干预下，寻利的企业家发现寻利有困难，转而进行寻租活动，即通过官员批条子，打招呼等非公平竞争的手段，扭曲资源配置，取得额外的收益。寻租会使市场机制失灵，容易导致腐败，成为公平竞争的大敌。

无论是中国澳门的赌权牌照还是中国内地彩票发行的审批管理，谁拥有了赌权和审批权，谁就拥有"租金"。显然，在利益的驱动下各方都会积极争取牌照和审批权。由于牌照和审批制使得机会不均等，容易人为操作，打算经营赌场的公司和老板就会讨好掌握牌照发放权和审批权的主管官员。为了达到寻租的目的，他们可能行贿主管官员，行贿不会对社会造成损失，只是不同社会成员间转移财富，这样一部分政府官员获得特殊利益，形成政府肥缺产生"租金"，导致潜在的"政治企业家"为了肥缺而向上寻租获得"租金"，这是博彩业第二层次的寻租。当博彩税收成为政府财政收入时，又会促使利益集团为这笔财政收入分配开始第三层次的寻租。

3.2.1.2 行业吞噬效应

很多学者认为赌场对本国或本地经济的贡献主要体现在能否"出口"博彩产品，赌场如果不能赚来"新"钱，那么对当地其他经济部门将带来不利影响。古德曼认为赌场经营者的策略就是要把赌客吸引在赌场内，为此，赌场本身就提供衣、食、住、行、娱乐等全套服务，有时赌客足不出户甚至还能享受免费服务①。很快赌场将周边地区原来用于其他经济部门的金钱逐步吸走，邻近地区的非博彩产业就失去竞争力和生机，比如餐饮和零售商店逐一关门，这就是博彩业行业吞噬效应。

---

① 其实赌场这种补贴行为使消费者的实质可用所得（Disposable Income）增加，对本地经济的其他领域也会产生正面的作用。

3.2.1.3　挤出效应

挤出效应是指增加政府投资对私人投资产生的挤占效应，即增加政府投资所增加的国民收入可能因为私人投资减少而被全部或部分地抵销。

博彩业的筹资功能，实际就是把个人手中的部分资金转移到政府，用于公共福利等支出，必然对私人投资产生挤出效应，减少在其他领域的消费，进而影响整个社会消费水平的提高。

比如，一般情况，彩民购买彩票的资金要么是手头现成的闲钱，要么就是银行存款。彩民用手头现成的闲钱购买了彩票，就无法再购买其他商品或服务，即用消费彩票代替了消费其他商品或服务，从而降低了对其他商品或服务部门的投资。如果用银行存款购买彩票，需求不变时市场利率必然提高，从而对私人投资产生挤出效应。

3.2.2　博彩业的社会负效应

博彩业的存在和发展离不开参与者和社会环境，在带来公益慈善、劫富济贫、休闲娱乐等社会正效应的同时，不可避免也会由于种种原因造成一些负面影响，尽管这些负面影响并不必然来自博彩本身，但却成为人们反对开赌的重要理由。

3.2.2.1　助长投机心理并抑制实体经济

博彩业的过度发展助长了人们的投机心理，抑制了实体经济的发展。有谚语"九个赌徒养不活一只鸡"，它使彩民更加期待不劳而获，更愿进行风险投机，而不愿凭借双手勤劳致富，进而制约整个社会消费水平的提高。博彩业助长投机心理并抑制实体经济主要表现为，一是助长侥幸投机心理，财产在参与者之间转移，胜者获得、负者丧失，赌徒企图不劳而获，且影响面大；二是争夺有限的经济资源造成一定的资源浪费；三是收入分配不均，可能会加剧社会财富集中程度，制约整个社会的消费水平从而抑制实体经济。

3.2.2.2　导致违法犯罪

博彩业发达的地区通常黑社会都比较猖獗，有组织犯罪也明显增多，为争夺利益，帮派之间仇杀、枪杀时有发生，对博彩旅游业产生极大威胁。美国拉斯维加斯是社会治安较好的城市，但也被列为美国刑事犯罪高发地。为了减少博彩业带来的负面影响，促进博彩旅游业的发展，美国成立了娱乐业影响研究委员会（National Gaming Impact Study Commission），对博彩业产生的社会冲击进行研究并提出对策。

西方主流观点认为，赌场与犯罪之间没有显著的因果关系，或者赌场只是犯罪增加的间接因素。Giacopassi&stilt（1993）曾对密西西比地区开设赌场之后的犯罪情况进行研究，发现该地区并没有因开设赌场而增加犯罪。Emmer & Schwartz（1996）对美国各主要有开设赌场的地区进行研究，发现赌场与街头犯罪两者并无显著的因果关系。Lynch（1999）对悉尼港赌场的研究也有相同结论。中国澳门学者陈欣欣等，认为虽然博彩与犯罪并没有直接的因果关系，但赌场开设后，当地犯罪案件的确有所增加，因为赌场吸引了很多人到来，人口多了便构成当地治安管理的问题，而且博彩会导致一些人的心理出现病化，造成病态赌徒。盗窃、高利贷、洗黑钱、禁锢、绑架、抢劫、伤人及卖淫这些犯罪活动并不是随博彩业的产生而产生的，而是存在于整个人类社会的各行各业当中。但不可否认，赌场对社会治安具有负面影响。此外，博彩者还分为三类，即正常博彩者、问题博彩者和病态博彩者，后两者会成为犯罪的隐患。

在中国，典型的由于博彩带来社会危害的是足球赌博。这是一个世界性问题，各国在足球赌博上引发的问题非常多。表面上是赛制问题，实际上是社会腐败、贫富差距、社会治安、球员道德等多元问题，会引起很多社会连锁反应，严重扰乱社会秩序，甚至成为社会不稳定因素。

3.2.2.3 产生问题赌徒或病态赌徒

由于赌徒沉迷于赌场无法自拔，白领挪用公款豪赌、低收入阶层倾家荡产盼一夜暴富、中奖者亲情反目等现象时有发生。大量"不健康"的问题赌徒或病态赌徒无心工作、往往持有一夜暴富的非理性心理来博彩，从而对个人、家庭或职业发展造成了不良影响，甚至走上了违法犯罪的道路。

综上可见，尽管博彩业创造了大量的财政收入和就业机会，但它也带来了赌场的竞争和政府的关注，这就是经济学家所称报应法则（Law of nemesis）。按照该法则，任何事情都带有对它产生相反影响的种子。[1] 例如，中国澳门博彩产业成功的背后，一些负面力量正在形成和产生。这些力量的发展对中国澳门博彩业的持续发展形成挑战[2]。

博彩在个人层面的心理成瘾遵循"刺激——愉悦——愉悦强化——成瘾"模式，成瘾阶段已经形成了对反复从事博彩活动的强烈渴求心理和强迫性博彩行为。在社会层面表现出"模仿——从众——好胜"的心理机制。在成瘾的基础上，病态博彩[3]（持续而长久沉溺的赌博行为）的问题赌徒或病态赌徒就出现了。

---

[1] David S. Landes, *Time Runs Out on the Swiss*, Across the Board, January, 1984, pp.46-55.

[2] 曾忠禄："澳门博彩产业的可持续发展研究"，《澳门人文社会科学研究文选》，2009年12月，第341页。

[3] 病态博彩是在博彩中以赌博为主要目的，持续成瘾且具有复发性或不可控制性，而且为了能够继续参加博彩而采取不理性的手段的个体行为。

表 3-11　病态博彩的相关分析

分析视角	相关成果
成因分析	• 多因素：个体认知因素、社会因素、人格因素、生理因素等。 • 精神障碍：病理性赌博是一种常见的慢性进展且后果严重的精神障碍，它不但关系到经济损失问题，而且还涉及到其他情感和精神病的问题，随着赌博机会的增加，其发病率也随之上升[1]。 • 决策障碍：只追求眼前的回报而不考虑以后的严重后果。
性质分析	• 病态博彩是一种上瘾行为，是强迫性或有问题的行为。 • 病态博彩是情绪失控，是一种难以自我控制的行为。
判断标准	国际上通用的标准有两种： • DSM-IV（Diagnostic Statistical Manual）出现 5 个或以上被判断"可能已成为病态博彩者"；3 或 4 个被判断为"可能已成为问题博彩者"。 • SOGS（The South Oaks Gambling Screen），16 个题目，每题 1 分，5 分或 5 分以上为病态博彩者。

资料来源：作者整理

由表 3-11 可见，产生问题赌徒或病态赌徒的原因是多方面的，既有个人因素，也有社会因素，但在行为性质上均表现为上瘾和情绪失常，自我控制力减弱。国际上判断一个赌客是否成为问题赌徒或病态赌徒的标准之一是 DSM-IV。DSM-IV 主要关注的是博彩者的心态，其所制定的 10 条标准为：

（1）时常浮现赌博情景，对赌博技能充满自信，相信下一次能赢；

（2）心理承受的赌注越来越大；

（3）数次戒赌均不成功；

（4）长时间不赌会感到焦躁；

（5）以赌博来回避现实问题或释放不快心情；

（6）屡输屡赌；

---

① 周朝昀："病理性赌博的性质及病因学"，《中原精神医学学刊》，2002 年第 8 期。

（7）向家庭撒谎，不承认自己有赌博行为；

（8）为筹集赌资不惜以身试法；

（9）因赌妻离子散、失去亲朋好友或工作；

（10）因赌博负债累累，生活要靠他人接济。

在对一个赌徒进行问卷测试或面谈时，只要符合上述 10 条中的 5 条，就会被视为问题赌徒或病态赌徒。

与 DSM-IV 相类似，SOGS 通过询问赌徒的日常行为，来判断其是否有病态赌博的倾向。

3.3　降低博彩业负效应的策略

要想实现博彩业的良序发展，就必须尽量降低其经济和社会负效应，从国际经验来看，一般是在立法和监督管理上下功夫：一是加强立法，二是创新管理机制。

3.3.1　加强立法

1. 彩票

目前，彩票是我国唯一合法的博彩产品，其法律法规经历了一个逐步完善的过程。从 1994 年民政部出台的《福利彩票管理办法》到 2001 年财政部出台的《彩票发行与销售管理暂行办法》，再到 2009 年国务院颁发的《彩票管理条例》及 2012 年 3 月出台的《彩票管理条例实施细则》（见表3-12），法规的位阶和层次逐步提高，内容不断完善，管理体制日益健全，法律责任逐渐明确，为彩票业的健康发展提供了法律保障。2009 年的《彩票管理条例》系统规范了彩票的管理体制、运作原则、发行销售、开奖兑奖、安全管理、风险防范、资金监管以及法律责任等内容，是我国彩票史上的一个里程碑。

表 3-12 中国彩票相关的法律法规

分 类	相关法律法规	评 价
部门性规章（1994-2009）	• 民政部《中国福利彩票管理办法》（1994） • 财政部《彩票发行与销售管理暂行办法》（2001）	法律位阶低；内容不完善；可操作性不强；受到部门利益左右和影响；很难正确引导彩民形成健康的购彩行为
行政法规（2009- ）	• 国务院第 554 号令公布了《彩票管理条例》2009 年 5 月 4 日公布，2009 年 7 月 1 日施行。 • 《彩票管理条例实施细则》于 2012 年 3 月 1 日起施行。	较为系统地建立了彩票管理体制，明确了彩票主管部门职责，界定了彩票发行销售、开奖兑奖、资金管理的办法以及法律责任，在彩票史上具有里程碑意义。

资料来源：作者整理

在发达国家，政府把发行、销售彩票作为扩大财源、增加国库收入的手段，彩票的地位和作用都是以法律法规或者政府规章的方式加以明确，彩票发行及运营都有完整的法律体系进行规范。这些做法有效降低了彩票的社会负效应。中国大部分彩票购买者都是低收入人群，这部分人的经济风险承受能力较低，容易转变成问题彩民或病态彩民。因此，在政策和立法设计上需要不断完善，以正确引导公民的购彩行为，尽量避免或降低负效应。加强立法的思路如下图 3-8 所示。

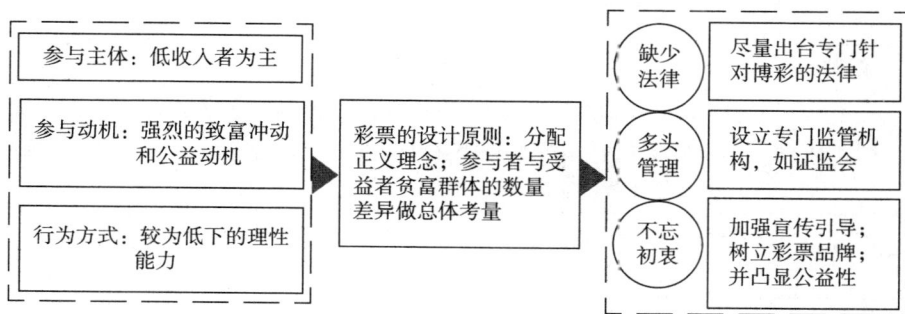

图 3-8 彩票业加强立法示意图

2.赛马及赌场

对于未来可能会试点推广的赛马，首先必须在试点之前，立法先行，完善的赛马体系必须有完善的法律体系做支撑。目前，开设赌场在中国内地还是违法行为，即使将来做有限试点，也需要法律支持。

3.3.2 完善监管机制

博彩离不开政府监管，甚至可以说，有效的政府监管是博彩运行的必要基础，所以，国际上普遍实行博彩监管制度。

1.建立"责任博彩"机制

博彩危害最小化，即减少所有博彩者与博彩相关或者由博彩引起的有害后果。目前在国际上已经出现了很多博彩危害最小化方案，但是执行上还没有非常好的计划。Marlatt（1998）提出三项基本策略，包括相互协作；改善博彩环境；改变政策。Blaszczynski（2001）提出，一级预防是防止参与者出现博彩问题；二级预防是限制潜在问题出现；三级预防是减轻现有问题的严重程度及预防复发。可以说，责任博彩是公共健康研究范式的重要组成部分。Remmer（2002）认为，责任博彩至少包括三层含义：第一，彩民信息保护；第二，减少问题博彩事故发生的措施；第三，帮助问题彩民和他们家庭的项目。责任博彩的国际实践总结如表3-13所示：

表3-13 责任博彩的国际实践（以美国、澳大利亚为例）

国家	责任博彩措施
美国	• 美国博彩产业协会（AGA）责任博彩实施法规，自愿执行。制定了具体的实施细则，用于约束协会成员企业员工、客户、社会大众，规范广告宣传和营销活动。
澳大利亚	• 2000年以来，各州陆续出台责任博彩法律法规，引导彩民理性购彩，减少问题彩民。

资料来源：作者整理

责任博彩在美国、澳洲、加拿大已经推行多年。中国香港和中国澳门提倡"有节制"的博彩。在中国香港，赛马会履行社会责任，推广有节制的博彩政策；在中国澳门，针对赌徒的个人行为进行节制博彩。

在中国内地，目前并没有责任博彩和节制博彩的理念推出。其实，责任博彩是通过告知选择的方式，即通过告知博彩的详细形式和过程、让博彩者知晓多种选择方式和对应结果，从而进行理智决策，避免冲动、仓促、盲目购彩，从而将博彩危害最小化。

在监管博彩业中，除了立法，还需要有一套具有理念指导和可操作性的监管机制。事实上，形成一个博彩业的成熟的社会治理结构是至关重要的。如图 3-9 所示：

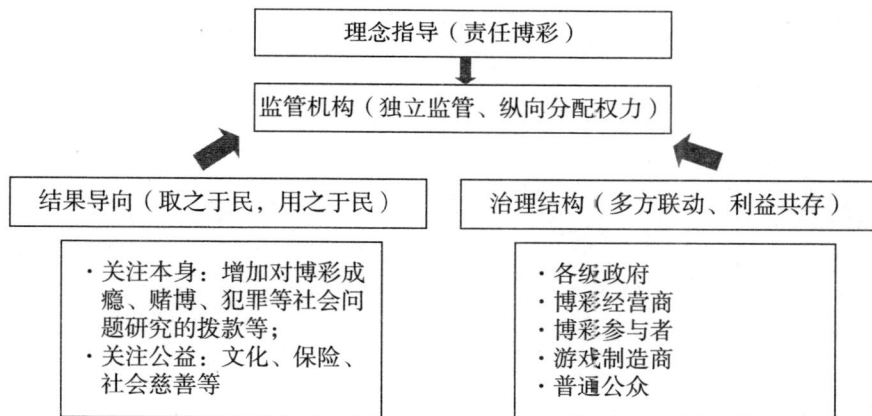

图 3-9　形成博彩业监管的成熟机制

3.4　本章小结

本章构建了博彩业经济社会效应分析的理论模型，从四个方面 14 个维度深入分析了其对经济和社会的正负效应，同时提出了降低博彩业的对策。

第一，分析了博彩经济正效应，包括为社会筹集公益金、促进财税收入、增加就业、带动关联产业促进消费、形成乘数效应和入口替代（夺回）效应；其社会正效应包括为公益慈善做贡献、劫富济贫、缩小贫富差距、丰富娱乐休闲生活等。

第二，分析了博彩的经济负效应：导致寻租、产生行业吞噬效应、挤出效应；其社会负效应表现为，助长投机心理并抑制实体经济、导致违法犯罪和产生问题赌徒或病态赌徒。

第三，对降低博彩业负效应进行策略分析，解决问题的关键是要在责任博彩理念下进行社会治理，加强立法和完善监管机制。

第4章　博彩业经济社会效应的地区经验

对世界范围内博彩业进行案例研究，本书选取我国澳门特别行政区、中国香港特别行政区、美国的老牌赌城拉斯维加斯和新加坡赌场进行经济社会效应研究，探究其成功经验，具有实践借鉴意义。

中国澳门是世界上最大的赌博市场，也是全球赌场收入最高的赌城，赌业已为其主导经济。2008年中国澳门人均GDP超越新加坡和日本，跃居亚洲第一位，在全球排至第20位。"全球经济自由指数"报告显示，2009年中国澳门在全球179个经济体中排名第21位。从1999至2008年10年间，随着博彩业的快速发展，中国澳门博彩业对澳门GDP和财政收入的贡献逐年扩大，其中博彩增加值占GDP的比重，从25%增长到了65%；博彩税收占财政收入的比重，从20%增长到了85%。

香港赛马会是中国香港最大的慈善机构，全中国香港600万市民都与马会有直接或间接的关系。香港的赛马业所缴纳的巨额税款占政府财政收入的8%以上，使得中国香港能长期实行低税制。在中国香港，赛马已经成为一种文化。中国香港的赛马业发展经验就是它的运营根植在整个经济社会体系里，形成良性循环和互动，具有现代化社会的特征。

老牌拉斯维加斯是世界最著名的赌城，是世界赌场最密集的地方。2008年，拉斯维加斯赌场中博彩毛收入在100万美元以上的赌场共有56个，世界上任何其他地方都没有这么密集。赌场的博彩收入为 67.1 亿美元，内华达州财政收入的 43% 来自州内赌场，可见，州财政对博彩高度依赖，仅次于中国澳门。

华人占 90% 以上的新加坡在 2010 年开赌，在赌博的刺激和吸引下，新加坡的国际游客数量 2010 年高达 1200 万人次。新加坡 2009 年 GDP 负增长了 1.3%，而 2010 年却增长了 14.7%，成为亚洲增速最快的经济体，新加坡的成功经验值得借鉴。

4.1　中国澳门

中国澳门是一个有着"亚洲的蒙特卡洛"和"东方的拉斯维加斯"之称的著名赌城。20 世纪 70 年代以前，中国澳门是世界上少有的赌城之一。与欧洲摩纳哥的蒙特卡洛、美国的拉斯维加斯、美国的大西洋城并称为"世界四大赌城"。中国澳门发展赌场产业是为了增加财政收入，促进本地发展。

2007 年，我国澳门特别行政区赌场业的增加值达到澳门 GDP 的 35.59%。赌场占 GDP 比重很大，其他产业占 GDP 的比重都很小，这些产业包括银行业、不动产、批发零售、租赁与企业服务、公共行政、其他服务与家庭雇用以及饮食业。如图 4-1 所示。

4.1.1　中国澳门博彩业概述

截至 2008 年中国澳门有 6 家持牌公司经营的已有 30 家赌场，中国澳门的赌场过去 5 年增长迅速。如今中国澳门的经济和政府财政对赌场产业形成高度的依赖。中国澳门的服务出口中，包括博彩、酒店、餐饮、零售等收入，博彩收入一枝独大。正如中国澳门前行政长官何厚铧所说："赌业是澳门的经济命脉"。中国澳门对博彩业的依赖也可以从博彩占 GDP 的比重和占政府财政收入的比重看出来。

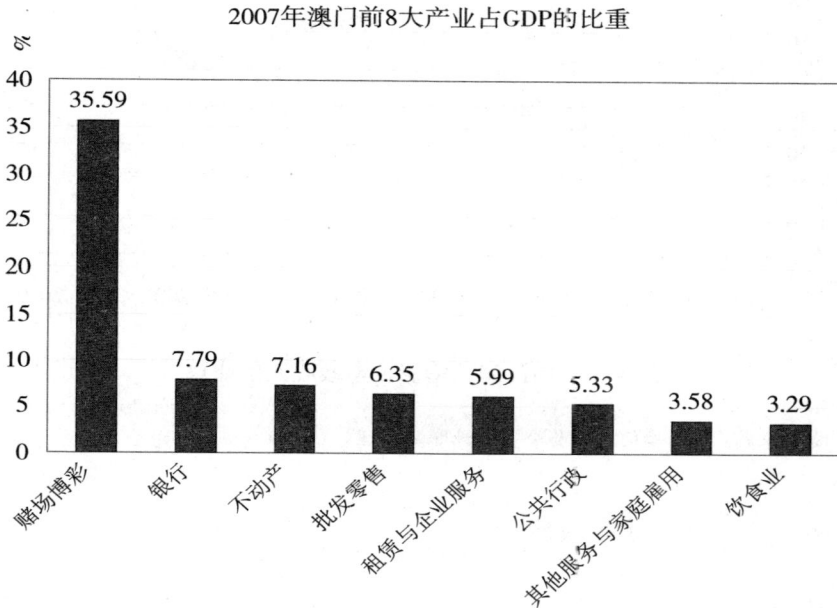

图 4-1　2007 年中国澳门前八大产业占 GDP 的比重

资料来源:曾忠禄,《全球赌场扫描现状与趋势》,中国经济出版社,2010 年 1 月,第 25 页。

　　从财政收入角度来看,我国澳门特别行政区财政收入主要依赖于博彩业,并且随着时间的推移这种依赖性逐年增长。1998 年,博彩业占澳葡政府财政收入的 33%,2008 年博彩业收入占我国澳门特别行政区财政收入的 77.5%,虽然 2009 年有所回落,但这一比重也在百分之七十以上(见图 4-2)。由此可见,博彩业已在我国澳门特别行政区财政收入中占据主导地位,成为我国澳门特别行政区的支柱产业。①

---

　　①　曾忠禄:《全球赌场扫描现状与趋势》,中国经济出版社,2010 年版;依据澳门财政局公共会计账目。

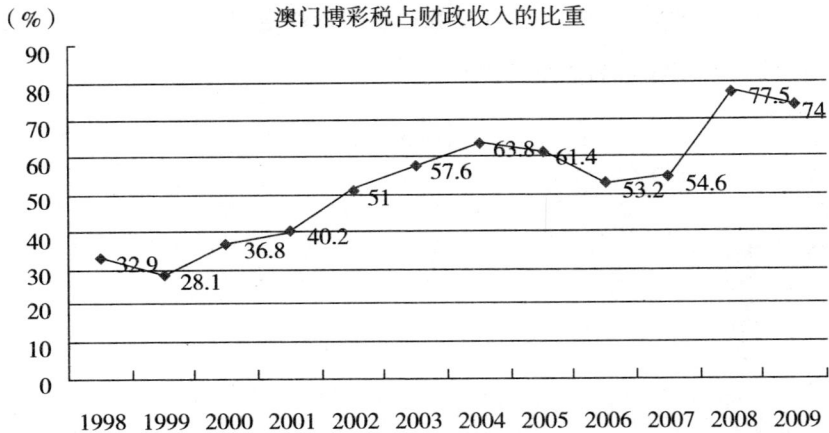

图 4-2　中国澳门博彩占财政收入的比重

资料来源：根据澳门财政局公共会计账目整理。

4.1.2　经济社会效应

1. 创造税收

中国澳门财政收入中博彩税占据绝对多数；博彩税的高收入使中国澳门能够实施低税制；博彩税是政府公共支出的主要来源。

中国澳门博彩税的税率经历一个调整过程（见表 4-1）。1982 年以前为包干制定额税，1983~1985 年税率为 25%，1986~1990 年，每年增加 1 个点，1990 年税率达到 30%，此后，直至 1997 年保持 30% 不变，1998 年，博彩税率上调到了 31.8%，2002 年博彩税率再次上调到了 35%。中国澳门回归前，博彩税除 1996、1997、1998 年外，都保持增长态势，多数年份实现了两位数高速增长。1999 年 12 月 20 日中国澳门回归后，其博彩业迎来了快速发展阶段，至 2008 年，最低增长速度 13.66%，最高增长速度 49.17%，年均增长 26%。

表 4-1 中国澳门博彩税增长表

单位：百万澳门元

年　份	博彩税收额	博彩税收增长率（%）	博彩特别税率
1983	357	—	25%
1984	445	24.64	25%
1985	451	1.34	25%
1986	492	9.09	26%
1987	688	39.83	27%
1988	945	37.35	28%
1989	1432	51.53	29%
1990	1936	35.19	30%
1991	2533	30.83	30%
1992	3427	35.29	30%
1993	4223	23.22	30%
1994	4630	9.63	30%
1995	5348	15.5	30%
1996	5081	-5	30%
1997	6125	20.54	30%
1998	5056	-17.46	31.8%
1999	4670	-7.64	31.8%
2000	5340	14.35	31.8%
2001	6133	14.85	31.8%
2002	7639	24.56	35%
2003	10325	35.16	35%
2004	15237	47.57	35%
2005	17318	13.66	35%
2006	20747	19.8	35%
2007	30948	49.17	35%
2008	41897	35.38	35%

数据来源：郭健青，《过渡时期的澳门财政与博彩税》，厦门大学出版社，2002年版，130页。

刘品良，《澳门博彩业纵横》，澳门博彩监察暨协调局资料，2002年3月。

2. 带动关联行业，促进就业

中国澳门回归以来，尤其是 2002 年赌权开放后，中国澳门博彩业吸引了大量的就业人口。与博彩旅游业相关的行业就业机会较多，成了就业的主要市场。包括批零业、酒店业，餐饮业等。2004 至 2006 年，第三产业就业中，博彩业就业占比逐年递增，从 12.9% 增长到了 24%。2007 年，中国澳门博彩业及相关行业提供了 6.2 万个就业岗位[①]。2007 就业人口比 1998 年增长 253%，受博彩业带动，关联行业就业人数也有不同程度的增长，酒店及餐饮业同期增长 54%，批发及零售业同期增长 18.9%，金融业同期增长 38.5%。建筑业同期增长 88.3%，不动产及工商服务业同期增长 154%。反之，与博彩业不相关的中国澳门制造业的就业人口则不断递减，2007 年比 1998 年下降了 40%。

根据特区政府统计局的数据，截至 2007 年底，博彩业就业人口已增加至 6.9 万人，比 2006 年上升 31.6%。同期建筑业的就业人口为 3.8 万人，比 2006 年增加 22.2%。同期制造业的就业人口为 3 万人，下降了 18.6%。

4.1.3 经验

第一，经济全球化时代，需要结合本地和境外环境，进行区域经济制度创新。对于独立关税区的政府而言，不仅要对境内经济制度做出合理安排，也要制定出有竞争力的国际性合作经济制度。为了改善本国或本地的贸易环境，扩大本地企业的国际空间，需要通过政府之间的谈判来做出国际性制度安排。中国澳门的博彩旅游业属于高度外向型的产业，95% 左右的客源来自境外，要通过外部制度创新来打开客源市场。

第二，合理的中央与地方政策安排。"一国两制"保证了中国澳门特别行政区博彩业不会受到来自内地的政治影响，中央政府对中国澳门实施

---

① 澳门特别行政区经济局 http://www.economia.gov.mo（经济资料——澳门经济概况），2008 年 4 月 18 日。

的自由行制度则向中国澳门开放了内地的巨大市场，极大促进了中国澳门博彩旅游业的发展。早在 2003 年，中国澳门的内地游客超过中国香港，2005 年之后是中国香港的两倍。内地游客不仅已稳居中国澳门第一大客源的地位，而且人均消费水平也居首位。

4.2　中国香港

4.2.1　中国香港赛马业概述

赛马业在中国香港特别行政区较为发达，在世界范围内也很闻名，在1845 年中国香港就开始了赛马活动，经过一百余年的发展变迁，目前，中国香港赛马业已经相当成熟规范，其发展历程见表 4-2。1996 年成立的香港赛马会在中国香港的政治、经济、文化等领域拥有重要的角色地位。

表 4-2　香港赛马业发展历程

年　　份	典型事件
1841	英国人将赛马运动引入中国香港。
1844	开始举办周末大赛马。
1884	成立香港赛马会。
1907	马会委任首位秘书，并在中区设立办事处。
1959	香港赛马（慈善）有限公司正式成立，负责募捐善款。
1971	马会由业余赛马转为职业赛马。
1974	增设电话投注服务。
1975	发行"六合彩"奖券。
1978	新界沙田马场启用，可容纳 8 万名观众。
1988	首次开展国家赛事。
1993	成立香港赛马会慈善信托基金，取代中国香港赛马（慈善）有限公司。

年 份	典型事件
1996	"英皇御准中国香港赛马会"改为"中国香港赛马会"。
2008	北京奥运会马术比赛在香港马会场地举行。

资料来源：中国香港赛马会，https://baike.baidu.com/item/。

中国香港人酷爱赛马，每五个中国香港人中就有一个马迷。其投注金额逐年增长，1997年投注额达到923亿港元，比1972年增长了160多倍，1992至1997年间，年均增速15%（见表4-3）。

表4-3　投注金额变化情况

单位：亿港元

年份	投注金额	增长率（%）
1992年	556.20	－
1993年	601.4	8.09
1994年	663.88	10.39
1995年	722.77	8.87
1996年	806.70	11.61
1997年	923	14.42

资料来源：饶纪乐、周进强，"现代赛马产业性质与特征探讨"，《体育科学》，1998年8月。

4.2.2　经济社会效应

赛马为中国香港社会做出了巨大贡献。赛马博彩取得了良好的经济效应。1987—1996年的十年间，博彩税从26亿增加到103亿港元，每年依次递增10亿港元。1998年香港马会用3亿港元备用投资基金在中国香港股市大灾难中入市稳定股市，起到稳定中国香港经济的作用。

香港马会经常举办各类赛事活动，国际一、二、三级赛事活动连年不断，形成了一批品牌赛事，吸引了世界顶级骑师和马迷参与，大大带动了中国香港旅游业的发展，特别是有力促进了交通、餐饮、住宿、观光、购物等行业的消费。同时，赛马业为中国香港解决就业问题做出了重大贡献，提供了4000个全职岗位和14000名兼职岗位。

与此同时，马会是中国香港特别行政区最大的慈善机构，他始终坚持"赛马惠慈善"的理念，并将赛马年度盈余拨捐到马会慈善基金会，善款主要用于香港的教育、文化、体育、艺术、残疾人、医疗卫生等社会民生事业，得到了社会认可，取得了良好的社会效应。自1915年以来，马会每年都捐出巨额善款，恩泽香港社会，如捐资兴建了香港维多利亚公园、香港科技大学等。

4.2.3 经验

中国香港的赛马业所缴纳的巨额税款（政府收入的8%来自赛马）使得中国香港能长期实行低税制。在香港，赛马已经成为一种文化。香港的赛马业发展的经验就是它的运营根植于整个经济社会体系，形成良性循环和互动，具有现代化社会的特征，证明博彩业是可以跟健康经济发展紧密联系在一起的。中国香港的赛马特征总结如下：

1. 政府行为。由中国香港政府授权的法律承认的法定机构经营。行政长官出任马会荣誉会长，并经常参与赛马活动。

2. 公益福利性。香港赛马会是非营利性机构（NPO），每年捐资超过10亿港元。

3. 多功能文化机构。香港马会以赛马运动为主题，融合慈善、旅游观光、文艺演出、娱乐、健身等，打造成了综合性文化机构。

4. 产业化。赛马已经成为中国香港的一个独特产业，并形成了养马、驯马、培训产业链，同时还带动了一系列相关行业发展。

5. 组织管理科学化。香港沙田赛马场拥有大规模现代化计算机终端系统。

4.3 拉斯维加斯

美国拉斯维加斯（City of Las Vegas）以赌城闻名于世，博彩业是其主导产业，同时带动了旅游业、会展、娱乐业、购物等产业。

4.3.1 美国拉斯维加斯博彩业概述

经过几十年的发展，拉斯维加斯形成了一套有效的管理体制，如赌业工会的自律机制，不仅对投资人严格审核，而且对各赌场也进行严格监控，一旦发现不当行为，将永远禁止当事人在当地经营赌业。为了吸引游客，拉斯维加斯加强了社会治安管理，并对中了头奖的人免费提供安保服务，如果需要，可由两名警察护送至美国任何地方。

全球赌场产业最发达的国家是美国，2007 年，美国拥有 11 个州有商业赌场，28 个州有印第安人赌场，这些赌场的收入合计占美国整个博彩收入的 66%。博彩产业已是美国经济的一个重要的组成部分。2007 年美国的博彩收入达 934 亿美元，大约占美国 GDP 的 0.7%。其中，拉斯维加斯所在的内华达州博彩收入占当地 GDP 的 5.6%。到 2008 年，美国有 20 个州开设商业赌场，商业赌场包括陆地赌场、轮船赌场和马场赌场，其中前两类赌场共有 445 个，第三类马场赌场有 44 个，合计有 489 个赌场，创造出 385 亿美元的博彩收入[①]。

从表 4-4 中可以看出，美国各州赌场博彩税率差距非常大。罗德岛税率高达 74.3%，内华达州仅为 8%，两者相差 66.3%，而这些州的平均税率只能 21.6%。

---

① 曾忠禄：《全球赌场扫描现状与趋势》，中国经济出版社，2011 年版，第 302 页。

表 4-4 2008 美国各州赌场实际税率

地 区	博彩总收入（亿美元）	赌税（亿美元）	税率（%）
罗德岛	4.075	3.027	74.3
佛罗里达	2.2886	1.1443	50.0
缅因	0.5052	0.2504	49.6
宾夕法尼亚	16.16	7.6658	47.4
宾夕法尼亚马场	15.97	7.5242	47.1
纽约	9.4728	4.4628	47.1
西弗吉尼亚	9.5121	4.3024	45.2
伊利诺伊	15.69	6.6684	42.5
德拉威尔	5.8692	2.1055	35.9
印第安纳	26.68	8.3819	31.4
密苏里	16.82	4.4279	26.3
新墨西哥	2.5808	0.671	26.0
路易斯安那商业	25.84	6.2625	24.2
密执安	13.6	3.2163	23.6
艾奥瓦商业赌场	14.2	3.3296	23.4
艾奥瓦马场赌场	4.6693	1.0847	23.2
路易斯安那马场	3.954	0.7295	18.4
南达科他	1.0226	0.1537	15.0
俄克拉荷马	0.9248	0.1333	14.4
科罗拉多	7.1588	0.8843	12.4
密西西比	27.21	3.2689	12.0
新泽西	45.03	4.2682	9.5
内华达	115.99	9.2449	8.0
合计	385.2232	83.2075	21.6

资料来源：曾忠禄，《全球赌场扫描现状与趋势》，中国经济出版社，2011 年版，第 303 页。

4.3.2　经济社会效应

1. 拉斯维加斯博彩业创造税收

内华达州是美国赌场业最发达的州，现有277个赌场，州政府财政收入中43%的来自博彩，对博彩业可以说是高度依赖。美国"赌场城市"数据显示，截至2008年，内华达州的赌场酒店占全国总量的68%。而内华达州的赌场酒店主要集中在拉斯维加斯金光大道一带，约有170余家。可见，拉斯维加斯是美国名副其实的赌城，集中有美国40%的赌场酒店。世界上最大的25家酒店（按酒店房间数量计算）有19家集中在拉斯维加斯。

1970—2007年拉斯维加斯博彩收入走势图

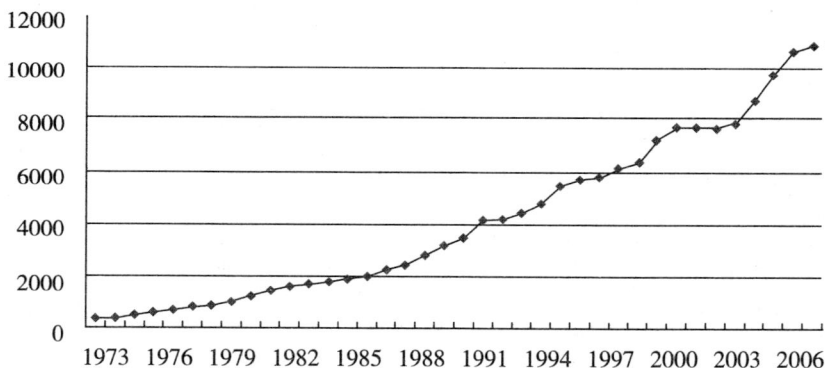

图4-3　1970—2007年拉斯维加斯博彩收入走势图

2. 拉斯维加斯博彩业创造就业并带动关联产业

在拉斯维加斯，赌业是其重要的经济支柱。伴随着赌业的合法化，多间酒店及娱乐场开始建设，从而带动了当地建筑业以及赌业设备生产业的兴旺。拉斯维加斯的第三产业主要由博彩业带动。2008年拉斯维加斯赌场直接、间接雇用的员工约12.6万人。同时，在拉斯维加斯等赌场拉动效应下，内华达州博彩娱乐场就业人数不断增长。

4.3.3 经验

拉斯维加斯的主要经验是将博彩与旅游紧密结合，使得博彩旅游业从单一化向多元化发展，集聚发挥博彩业的经济社会正效应。具体发展经验总结为：

第一，提倡产业优化的多元度假休闲娱乐。拉斯维加斯围绕博彩产业，充分利用各种内外资源，以主题酒店为主要承载，多种载体配套发展，充分发展各种低风险的休闲娱乐项目。度假休闲为目的的游客占四成以上，仅以赌博为目的的占 13% 左右。在拉斯维加斯，人们可以观光、观看表演、参观会展、美食、购物、住宿、博彩等。

第二，积极创新以吸引各类游客。在拉斯维加斯赌场准入资格十分低，但是开放自由度高，形成了充分竞争的市场格局，不同主题酒店以各自特色吸引着八方来客，在利益最大化的目标下，不同赌场之间的激烈竞争，促进了创新思维的碰撞，使得沙漠变成了万花筒的世界，使得各国游客络绎不绝纷沓而至。

第三，权威的监管机构和完善的法律体系。为了加强对博彩业的监管，使博彩业更加健康、持续、良序发展，拉斯维加斯的博彩业受内华达州博彩业委员会和博彩业管控理事会监管。此外，拉斯维加斯还拥有完善的法律体系，拉斯维加斯的法律特色包括：成立赌博管理委员会；简便的结婚离婚程序；允许赌博，禁止卖淫。

第四，区域景点一体化。结合拉斯维加斯的城外沙漠风光，充实人工景点，形成了区域经典一体化布局，这样的布局，不论是外来游客还是当地居民，都能感受到拉斯维加斯的独特魅力。

4.4 新加坡

新加坡是一个非常重视传统价值观的国家，是世人眼中的"道德国家"，新加坡的整洁、守法、舒适、安全、廉洁一直为世人所称道的。新加坡建国40多年来一直严格禁止赌博活动，主要是担心赌博成规模后，会带来黑社会、高利贷、洗钱、色情业等社会问题。新加坡前总理李光耀当年曾说过，新加坡要开赌场，除非"跨过我的尸体"。他取缔赌博场所，只允许经营彩票和赌马。2002年新加坡旅游部提出开设赌场的建议，也被当时担任新加坡副总理的李显龙否定。到了2004年8月刚当上新加坡总理的李显龙认为新加坡必须重新考虑对赌场的态度。同样改变的还有李光耀，他也意识到：除了一些因宗教因素而禁止赌博的国家之外，亚洲大多数国家已出现从赌博行业赚取收入的"无可避免的渐进潮流"。

4.4.1 新加坡博彩业概述

2010年2月14日大年初一，新加坡第一家合法赌场—圣淘沙名胜世界开业，标志着新加坡40年的禁赌历史告一段落，新加坡成为了国家赌场大家庭中的一员。4月29日来自美国拉斯维加斯金沙的新加坡滨海湾金沙赌场获得了第二张赌牌，如今新加坡已成为亚洲实力雄厚的赌城之一。为吸引赌客前来消费，新加坡赌场的博彩税率仅有15%，目前为全球赌场最低博彩税率。新加坡开赌的目的是为了吸引外国人，外国游客可免费进入赌场，而本国公民和永久居民则需购买100美元的入场券，显然价格歧视政策是为了吸引外国赌客，抑制本国赌客。

4.4.2 经济社会效应

受全球金融危机影响，2009年新加坡经济总量萎缩了1.3个百分点，但由于赌场开业，2010年却激增了14.7个百分点。2010年新加坡的博彩市场市值达28亿美元。有专家估计，2010年博彩业至少为新加坡的GDP直接贡献了0.3至0.4个百分点，2011年至少贡献0.7个百分点。

新加坡的政府管理水平和经济发展模式历来备受推崇，新加坡开赌无

疑对亚洲其他地区起到示范辐射作用。日本、韩国就是明显例子。在经济
复苏乏力的形势下，新加坡的"赌场经济"产生示范效应，日本就推出"观
光立国"政策，计划5年内在东京、冲绳或者北海道建设两个附带赌场的
综合娱乐设施。此一构思，被认为与新加坡综合度假胜地项目异曲同工。
韩国目前已有16家赌场，还在计划增建赌场。有韩国专家分析称，如果
在韩国建造3个像新加坡赌场一样规模的赌场大概可以产生40亿美元的
服务业收益，还可以创造4万至5万个工作岗位。

据估计，目前每年全球博彩业约有7600亿新元（约4500亿美元）的
收入。新加坡如果设立赌场，每年可多征收13亿新元的博彩税，增加3.5
万个就业机会，GDP至少提高1到2个百分点。此外，赌场还能找回地下
赌博和境外博彩。据统计，新加坡人每年博彩境外消费约16亿新元。

4.4.3 经验

新加坡博彩业发展的实践证明，赌场这种博彩产品具有很强的经济正
效应，在合适的时机在充分论证的前提下引入这种博彩产品并进行严格控
制，这种方式是可行的。

4.5 本章小结

本章主要阐释了我国的中国澳门特别行政区、中国香港特别行政区、
美国的拉斯维加斯和新加坡博彩业的经济社会效应和发展经验，特别是在
发挥经济社会正效应和避开经济社会负效应的方面，他们的成功经验值得
借鉴。

第一，从经济正效应看，每个指标在四个地区均比较明显。在促进财
政收入方面，中国澳门和中国香港的效应更为突出，促进就业方面中国澳

门的效应更为突出，带动关联产业和乘数效应方面拉斯维加斯更为明显，而新加坡的人口替代（夺回）效应更为明显。

　　第二，从经济负效应看，抑制寻租方面新加坡的经验值得借鉴；行业吞噬效应均不明显；中国澳门的挤出效应比较明显，其他地区均不明显。

　　第三，从社会正效应看，公益慈善效应均比较明显，其中中国香港非常明显；缩小贫富差距效应均不明显；促进休闲娱乐均比较明显，中国香港和拉斯维加斯非常明显。

　　第四，从社会负效应看，助长投机抑制实体经济方面，中国澳门比较明显，其他地区均不明显；博彩业与违法犯罪等社会问题存在一定的间接关系，克服这些问题的关键在于监管；产生问题赌徒或病态赌徒的负效应四个地区均比较明显。

　　发展博彩业的国际经验表明，制定完备的博彩法律，成立博彩监管机构，设计合理的监管机制是降低博彩负面效应的根本途径。

第5章 中国发展博彩业的必要性及可行性分析

5.1 世界博彩业的现状和趋势

经济学是研究资源在稀缺条件下如何进行有效配置的学科。微观经济学的核心是供给与需求。在全球产品日趋丰富、普遍"供过于求"的情况下，最稀缺的资源是"需求"，因此，不管是发达国家还是发展中国家，无不千方百计采取各种手段拉动内外需求，刺激消费，促进生产，增加就业，带动本国经济发展。但是，博彩业却例外，政府无须担忧其需求不足。

5.1.1 世界博彩业现状

世界博彩业常常处于供不应求状态，许多赌客不惜舟车劳顿到千里、万里之外的赌场去博彩就是明证。因为许多赌客把他们的目的地选择在美国。自20世纪以来，美国成为全球博彩设施最多最全的国家，换句话说，美国是世界博彩产品供给量最多的国家。依据服务贸易总协定（GATS）关于博彩服务贸易的论述，其特殊供给模型是：

1. 跨境提供博彩服务。如果一个GATS成员国用户收到来自另一个成员国通过电信或邮政基础设施提供的邮寄、电话、电视服务和互联网等方式的博彩服务，这种博彩方式就是跨境博彩提供。

2. 境外博彩消费。境外博彩消费是指一个 GATS 成员国公民进入另一个成员国领土旅游消费各自所需的服务。在互联网出现之前，这是最常见的境外博彩消费方式。与彩票或其他形式的博彩活动不同，境外博彩消费更多涉及赌场。例如，从 1809 年到 19 世纪 70 年代末，德国巴登赌场是法国贵族和资产阶级（在此期间，赌场在法国被禁止的）最喜欢的赌博胜地之一。境外博彩消费一直是很流行的。再比如 2002 年之前，瑞士禁赌，瑞士居民到其边境几公里内的几个外国赌场去消费。此外，在中国澳门，通过短短六个星期的营销运作，"威尼斯人"——这个当今世界上最大的赌场，就有超过 250 万人光顾，其中大部分人来自中国内地。边境地区是开设赌场的理想场所，如果博彩在邻国被禁止或高度限制，边境地区赌场的经济效应就会更加明显。对于开赌国或地区，边境赌场代表着博彩服务出口，边境赌场意味着增加税收及对所有的负外部性（赌博引起的赌瘾、破产、生产力下降、社会病症等）出口到赌徒国家，所以，一些国家的边境赌场只对外国旅游者开放，禁止本国居民入内，如越南、朝鲜等。此外，境外博彩消费还包括彩票等其他形式的博彩。前欧洲法院（ECJ）在 2003 年审理的 Lindman 案，起因就是一位芬兰的 Lindman 太太，在瑞典逗留时买了一张彩票并且赢得了由瑞典公司组织的彩票抽奖。

3. 商业存在。在这种博彩供给模式下，一个成员国博彩公司通过在另一国当地设立分公司、子公司、外商独资和控股公司办事处提供博彩服务。这种博彩商业存在显然在很大程度上取决于东道国对博彩的监管。

4. 自然人流动。自然人流动是指一个外国国民到另一个成员国作为一个独立的供应商或服务供应商的员工为其提供服务。

大体而言，博彩业在世界上的发展是逐渐合法化的过程，20 世纪 80 年代末开始，博彩业合法化浪潮迭起，学术界称之为"赌博大爆炸"。如表 5-1 所示。

表 5-1　博彩业合法化与发展现状

年份	主要进程
1986 年	世界博彩业总收入为 5608 亿美元。
1988 年	博彩合法化的国家或地区只有 77 个。
2006 年	世界博彩业总收入为 15058 亿美元。
2008 年	博彩合法化的国家或地区有 140 个。 博彩场所有 4730 个。

资料来源：张雷，基于虚拟经济视角的博彩业研究——以澳门博彩业为例，《开放导报》，2009 年 6 月。

5.1.2　未来趋势：供不应求

1. 博彩的需求

马斯洛需求层次理论表明，当人们基本的生理和安全需求获得满足后，就会追求社交、休闲、娱乐等高层次的社会需求。从人性的观点上看，"赌"本身就是一种人性，是人类对于概率事件的心理博弈过程。博彩产品的产生，通常是为了满足人的社会需求（特别是现在的游戏和娱乐的休闲需求）而存在的。

2. 博彩的供给

如果不考虑博彩产品价格固定这一因素，与其他商品一样，博彩产品的供给也服从于供给定理，即在其他条件不变的情况下，博彩产品价格与博彩产品供给之间呈同方向变动。博彩产品价格越高，博彩产品的潜在收益就越大，博彩产品供给的数量就越多，反之，就越少。由于博彩产品的价格是事先决定的，不具有事后调节功能，因而，博彩产品价格对博彩产品供给不像一般商品那样具有直接的影响。另外，由于博彩产品的成本相对较低，博彩产品的供给具有很大的空间。

为何博彩产品供不应求呢？一方面，主要在于各国政府对博彩业合法持不同政策。由于禁赌国根本不存在博彩供给，其赌徒会纷纷奔向开赌国，开赌国的博彩产品、博彩资源往往供不应求。博彩业的特殊性，使得博彩业具有强烈的政策性。正如英国 Salford 大学博彩研究中心主任 Collin 教授所指出的："世界上没有任何产业部门像博彩业这样，其赚钱发财主要取决于政府说什么而不是取决于公众要什么。"所以，博彩业的发展主要取决于各国政府的认可与否，正是由于不少国家禁赌，供给不足才造成博彩业"供不应求"的局面。而另一方面，由于人们的生活水平日益提高，闲暇时间日益增加，人们对博彩业的需求会越来越多，如下图 5-1 所示。

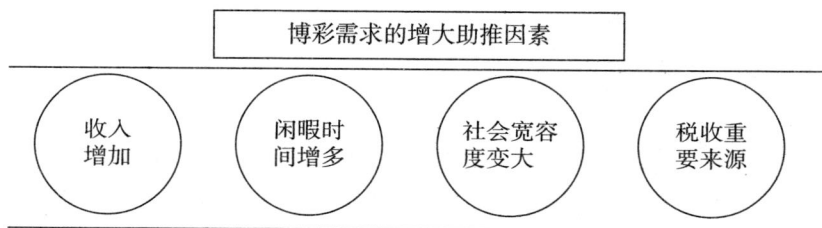

图 5-1　博彩业供不应求的原因

此外，博彩业在全球范围之所以能够超速发展，既有人们观念的变化因素，如人们不再将赌博完全视为一种伤风败俗行为，更重要的还在于各国政府在税收面前变得更加务实，以至西方国家一般都认为博彩业的正面效应大于负面效应。如今，赌场就像电影院、KTV 等娱乐场所一样，能满足人们的休闲需求，并促进经济增长。除缴纳博彩税外，博彩业还通过吸引旅游者住宿、餐饮、购物等刺激关联行业的消费，从而为政府创造税收。

5.2　中国博彩业的现状

当前我国正处于社会转型期，经济、社会的不确定性增加，部分人心态浮躁，幻想一夜暴富。而股市长期低迷，楼市泡沫过大，储蓄存款利率太低，人们没有其他更好的投资渠道，这些因素无形中都助长了地下私彩或地下赌球盛行。

5.2.1　需求强烈

中国内地 2003 年就成了亚洲最大的客源市场。而根据世界旅游组织预期，到 2020 年，中国将成为世界上第一大旅游客源国。其中，出境游的人数将达到 1 亿人次以上，排名全球第四位，并占到全球出境游人数的 6.2%。由于中国内地没有赌场，所以"博彩"出境游非常红火。而亚太地区，如韩国、日本、马来西亚、菲律宾、俄罗斯、新加坡等都设有赌场或博彩娱乐场所，成了我国居民"博彩"出境游的主要目的地。此外，我国公民出境游目的地也包括拉斯维加斯、摩洛哥蒙特卡罗以及欧洲和加拿大等国的赌场。当然，祖国内地居民赴中国澳门、中国香港博彩的人数也增长迅猛，2003 年祖国内地居民到中国澳门旅游的人数为 574 万人次，2008 年增长到 1750 万人次，增幅近 2 倍。

我国有 13 亿人口，公民博彩消费需求旺盛，但我国合法的博彩产品只有彩票，博彩供给严重短缺，供需不平衡的现状不容忽视。

5.2.2　"内忧"：地下私彩泛滥需"疏"

当博彩供给不能满足需求，特别是当合法的正式制度供给满足不了现实需求时，非正式非法渠道就会产生。与合法博彩相对应，非法博彩被称为"地下博彩"或"私彩"，指未经政府批准或认可的博彩行为。目前，地下"六合彩"和地下赌球在中国比较猖獗，久禁不止。

以湖南省为例，从 2002 年开始，地下"六合彩"开始在湖南泛滥，湖南省人民政府办公厅曾于 2003 年 6 月 30 日下达《关于打击赌博活动大力整顿彩票市场秩序专项行动工作情况的通报》，但收效甚微。后来，湖南省公安厅再次颁发了《湖南省举报非法彩票等赌博违法犯罪活动奖励办法》的规定，凡具名举报湖南省境内组织非法彩票（包括"地下六合彩"）等赌博违法犯罪活动，经查证属实，举报人最高可获得20万元奖励。同时规定，凡具名举报并查获非法印刷、贩卖、运输非法彩票报刊、资料的，可获得500至10000元不等的奖励。尽管湖南省政府严厉打击地下六合彩的决心很大，但是成效甚微，经过多年的发展，地下"六合彩"已经形成了一个固若金汤的地下堡垒，政府重拳出击的结果使得地下"六合彩"更加隐秘，并且愈演愈烈。海南省的情况更加严重，2009年海南省体彩总销量仅1亿多元，在全国31个体彩销售省市区中排最后一名；同样，海南福彩也位居末数。早在2003年海南的私彩销售额已达到每期4000万元，同期的国家体彩最高销售值每期130万元，海南"私彩"销售最高时全省一年可以卖到18亿元，而2004年海南体彩和福彩的销售总量不过1.79亿元[①]，这足以说明海南公彩受到巨大的挑战和冲击，私彩的泛滥成灾。从2005年开始，海南省政府把买卖私彩定性为赌博，政府明令禁止的私彩几乎全部转入地下。海南私彩为何如此猖狂，究其原因，一是私彩利润惊人，促使很多人铤而走险经营私彩；二是私彩返奖率高，早期私彩经营者设头奖有12000元、15000元，在文昌市甚至还出现过一注头奖22000元。除了返奖率高外，买私彩兑奖方便且可以逃税，所以很多人"弃公投私"。还有一个重要原因，海南私彩期数、中奖号码、开奖时间均与海南体彩相同，中奖号码由海南体彩公开摇奖产生，单个的私彩老板不能掌控，没有作弊的可能，因此，彩民认为私彩比其他彩票更公正。如果中奖的彩民到彩票购买点领不到奖，完全可以到当地政府彩票管理部门领奖。

除了地下私彩还有地下赌球，地下赌球的范围除了英超、德甲、意甲等传统五大联赛、各大杯赛、葡甲赛、意乙级、比甲，还有国内中超（中甲）比赛等。现在除了足球、篮球甚至连NBA、CBA等赛事也在赌球范围

---

① 冯百鸣："中国彩票20年总结'私彩'为何屡禁不止"，载《中国经济周刊》2007年9月24日版。

之内。早在 2002 年世界杯时，仅澳门赌球公司就从内地"抢走"至少十几亿元人民币，是世界杯期间中国足球彩票发行总额的好几倍。据估计每年地下赌球庄家所得为 150 亿元人民币，其中的 90 亿流向境外。地下赌球还带来一系列负面后果，为牟取暴利，一些黑恶势力操纵赌博集团，各种违法犯罪时有发生，由于中国国内足球联赛也被列入地下赌球的范围，从而出现了裁判"黑哨"、球员打"假球"等怪象。赌球具有全球性，国外的赌球集团通过在国内设立的代理渠道，每年由中国内地流向境外的资金达 3000 亿之巨，相当于 2009 年中国内地体彩和福彩销售额之和的 3 倍。

面对我国地下私彩和赌球泛滥，如果一味采取"水来土挡"的策略，地下私彩和赌球就会像高悬的堰塞湖，只要有缺口，便破笼而出，一发而不可收。因此，博彩治理，堵不如疏，堵之则溢，疏之则通。对待私彩和赌球，采取"疏"的策略，采取正确的疏导、教育和管理，不仅可以变"水害为水利"增加财政收入，而且可以使人们多渠道多方式进行娱乐，丰富人们生活。可喜的是，依据《国务院关于推进海南国际旅游岛建设发展的若干意见》，我国将在海南探索发展竞猜型体育彩票和大型国际赛事即开型彩票，此举对于减少海南私彩和赌球，疏通彩票发行渠道，丰富博彩市场有着积极作用。

5.2.3　"外患"：巨额赌资流失需"堵"

当本国博彩供给不能满足需求时，博彩者就会不惜奔赴万里之外的异国他乡，带着巨额赌资"一掷千金"地体验这种丰富多彩、边际效应递增的"上瘾"物品。根据官方公开报道，有的政府官员、国企领导挪用巨额公款出境赌博，可谓一掷千金，屡战屡败，屡败屡战，给国家造成了巨大损失。如原重庆市委常委宣传部长张宗海，伙同原重庆市广电局长张小川共动用 2 亿多公款多次到中国澳门赌博，2 人累计输掉 1 亿多元。原吉林省延边州交通运输管理处处长蔡豪文，2003 至 2004 年的一年间，先后 30 次到朝鲜赌博，共输掉了 350 多万元，其中包含公款 270 万元。原湖南省郴州市住房公积金管理中心主任李树彪，累计挪用公款 1.2 亿元到中国澳门赌博，共输掉了 8000 多万元，仅 2003 年一年就出入澳门 50 余次。原海南省海口市煤气管理总公司党委书记法人代表朱德华，2001 至 2007 年间出入境 120 多次，在中国香港、澳门游轮和赌场赌博，输掉了上千万元公款和受贿款。尽管这些官员涉赌官员都被判了刑，有的甚至被判了死刑，受到了严惩，但出境赌博之风并未得到完全遏制，官员如此，何况普通群众、名流富豪。事实上，我国周边国家和地区已经纷纷开设赌场，近年来，泰国、新加坡、俄罗斯陆续使赌场合法化，瞄准的就是中国市场，可以说，我国已被周边国家赌场所包围。

1. 赴中国澳门博彩消费

1998 年，即中国澳门回归前 1 年，内地赴澳的游客不到 82 万人，但 2003 年，内地开放自由行，赴中国澳门的内地游客数量猛增，内地游客的比重超过中国香港，内地成为中国澳门的最大客源地。

2008 年，内地游客占中国澳门游客的比重为 50%，中国香港游客占 31%，台湾游客占 6%。三地游客合计占 87%，其他国家的游客仅占 13%。如图 5-2 所示。

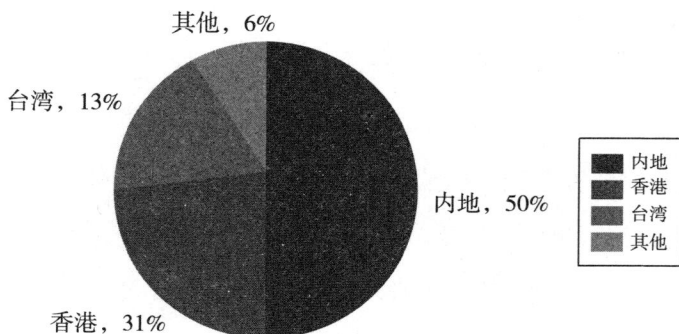

图 5-2 2008 年中国澳门游客构成

资料来源：曾忠禄，《全球赌场扫描现状与趋势》，中国经济出版社，2011 年版，第 29 页。

曾忠禄教授通过收集整理 1998—2008 年 99 篇有关豪赌客的报道，发现豪赌客来自中国内地 22 个省份，覆盖率占内地 31 个省市自治区的 71%。没有被报道的地区包括河北、山东、河南、云南、青海、西藏、内蒙古、宁夏、新疆，这些地区除河北、山东、河南外，离中国澳门均比较远，大部分是内地收入水平较低的地区（见表 5-2）。豪赌客最多的是广东，其次是浙江。两地的豪赌客占所有报道的 48%，其中广东占 36%，浙江占 12%。这两省属于发达省份，且距澳门较近。广东直接毗邻澳门，大部分城市乘大巴到澳门仅需要 2—3 个小时。浙江虽然离澳门稍远一些，但浙江有直飞澳门的航班，从浙江到澳门非常方便。其他豪赌客比较多的地区也具有距离近或收入水平高的特征。

表 5-2　中国澳门大赌客的内地来源地区

地　区	个　数	地　区	个　数
广东	36	湖南	3
浙江	12	吉林	2
湖北	8	四川	1
上海	5	天津	1
北京	4	贵州	1
江西	4	海南	1
陕西	4	黑龙江	1
辽宁	3	甘肃	1
福建	3	山西	1
江苏	3	安徽	1
重庆	3	广西	1

资料来源：曾忠禄，《全球赌场扫描现状与趋势》，中国经济出版社，2011 年版，第 40 页。

被报道的豪赌客最多的是政府官员，99 个报道中，他们就有 33 人，约占 33%。其次是民营企业的老板，25 人，约占 25%。再次是国企高管，

19 人，约占 19%。还有企业出纳，8 人，约占 8%。如下表 5-3 所示。

表 5-3　不同身份的大赌客数量

赌客身份	数量（人）
政府官员	33
民企老板	25
国企高管	19
企业出纳	8
其他	14

资料来源：曾忠禄，《全球赌场扫描现状与趋势》，中国经济出版社，2011 年版，第 41 页。

从赌客身份可以看出，赴中国澳门赌博的内地大赌客都是容易获得资金的人员，他们或者是掌握政治权力的政府官员，或者是国有或民营企业老总，以及没有政治经济权力，但容易拿到钱的企业出纳。

2. 赴美国拉斯维加斯境外消费

尽管拉斯维加斯的游客 85% 是美国本土居民，只有 15% 来自国外，但豪赌客中却主要是外来赌客。虽然美国没有公布相关数据，但通过对媒体报道的分析，我们可以判断，拉斯维加斯的豪赌客来自祖国内地的不在少数。哈乐斯赌场的亚洲区行销经理比尔·朱就曾说："亚洲人是赌场唯一拥有大量现金的人群。中国香港地区市场已经枯竭，中国台湾地区市场也已衰落，日本不必再提，泰国已成历史。"据美国《华盛顿邮报》几年前的报道，美高梅、哈乐斯等大型的赌场都在中国设立了办事处，负责挖掘和帮助中国豪赌客到拉斯维加斯去赌博。

3. 赴新加坡博彩消费

新加坡赌场规定本国人进入赌场需要购买门票，票价 100 美元，外国人则可以免费入场。新加坡门票的歧视政策的目的是吸引外国赌客，抑制本国赌客。耐人寻味的是，新加坡赌场开业日子选在中国农历虎年的大年初一。这样的开业日期，显然是为了广告效应，把中国人当作了重要的目标游客。新加坡赌场圣淘沙名胜世界预计，娱乐城的访客中会有百分之六十来自国外，预估中国游客会占两成以上。由于赌场吸引，2010年新加坡的国际游客数量达到创纪录的1200万人次，仅中国内地、澳大利亚、印度尼西亚和印度的游客就占到了53%。根据新加坡金沙赌场和圣淘沙名胜世界赌场发表的业绩报告，最保守的初步估计，两间赌场每天各净赚中国人500万人民币，合计共1000万人民币。

5.2.4 被周边邻国赌场包围，已成"燎原之势"

从当前国际形势来看，我国已被周边邻国赌场重重包围，形成"燎原之势"。

1. 东边邻国赌场的包围（朝鲜、韩国、菲律宾3个国家）

我国周边国家纷纷开赌，其中我国东北面邻国朝鲜、韩国、东南隔海相望的邻国菲律宾开设赌场的情况如下：

（1）朝鲜

朝鲜有两家赌场，一家是中国澳门赌王何鸿燊投资的"平壤卡西诺"，设在平壤的羊角岛饭店内。另一家是距离朝鲜罗先市20公里左右的一个海滨小岛上的海景卡西诺饭店（Seaview Casino Hotel），即英皇娱乐酒店（见图5-3），该酒店属香港英皇集团，是一座"五星级"标准的酒店，始建于1998年间，1999年10月开业的。该酒店投资1.8亿美元，赌场有52台老虎机，16张赌桌，赌博方式有21点、百家乐和轮盘。英皇娱乐酒店是"只允许外国人出入"的地方，绝对不允许朝鲜本国人出入。而去英皇的绝大多数是中国人，不仅包括延边、沈阳、大连、哈尔滨，而且中国内地人也"经常光顾"。

图 5-3　朝鲜英皇娱乐酒店赌场

（2）韩国

韩国赌场始建于 20 世纪 60 年代，1964 年韩国制定了《旅游促进法》，准许境内开设赌场，但主要针对外国游客提供服务。1967 年，韩国第一家赌场仁川奥林波斯旅游酒店开业，1968 年第二家赌场天堂华克山庄赌场（见图 5-4）在首尔开业，截至 2008 年，韩国共开设 16 家只允许外国人进入的赌场。韩国 SBS 电视台报道认为，中国的 VIP 客户为 2010 年韩国的博彩业贡献了巨大收入，使其创造了历史性成绩。

图 5-4　韩国华克山庄赌场

（3）菲律宾

菲律宾目前约有20家赌场，赌场数量在亚洲名列前茅，主要是由政府下属的"菲律宾娱乐博彩公司"（PAGCOR）来经营和管理的，还有一些私人企业经营的赌场。菲律宾赌场学习拉斯维加斯模式，除了有比大小、21点、百家乐、轮盘赌、牌九等赌博形式外，还望建成适合休闲需要的"娱乐城"。目前，菲律宾赌场的目标客源是我国内地、中国香港特别行政区、我国台湾地区等地的游客。

2.南边邻国赌场的包围（6个国家）

我国南边邻国越南、老挝、缅甸、隔海相望的新加坡、马来西亚、柬埔寨都设有赌场，大多希望吸引中国赌客。

（1）越南

越南政府规定本国居民禁止进入赌场赌博，赌场仅对外国人、从国外探亲、观光的越南侨民开放。越南的大型赌场一般设在与中国交界的各省，包括广宁、谅山、老街及河江等地。其目标客源主要是中国内地赌客，在中越边境会讲中国话就可以免检进入部分赌场，如越南涂山赌场（见图5-5）。

图5-5 越南涂山赌场

（2）老挝

老挝是个贫穷国家，希望借助博彩业发展自己的经济。老挝目前有三家赌场，分别是丹沙湾赌场、沙湾维加斯娱乐城（Sawan Vegas Entertainment）和靠近我国云南省边境的"磨丁黄金赌场"，这些赌场客容量每晚达数千人，这里深受中国人青睐，赌场接受人民币支付。此外，该国至少还有两个赌场将建成，一个在会晒，另一个在万象月亮岛。

（3）缅甸

缅甸在距我国边境仅三公里的缅甸掸邦第四特区首府孟拉开设了多个赌场。如金三角、东方大酒店、蓝盾娱乐城和老东方娱乐城等，这些赌场都以中国赌客为目标群体，每年估计中国人在此下注8000万元，如今博彩业已代替毒品成了孟拉的支柱产业。

（4）柬埔寨

1993年柬埔寨建立了历史上第一家赌场。作为一个经历过战争的穷国，同样希望借助博彩业发展经济。目前柬埔寨至少有20几家赌场，柬埔寨首都金边的金界赌场（见图5-6）虽然无法与中国澳门或拉斯维加斯相比，但在柬埔寨可谓声名显赫。也是很多中国人纸醉金迷，一掷千金，豪赌一场的向往之地。

图5-6　柬埔寨金界赌场

（5）新加坡

2010 年 2 月 14 日春节当日，新加坡首家赌场"圣淘沙名胜世界"（见图 5-7）开始迎接全世界客人前来赌博消费，尽管赌场营业面积只占娱乐城总面积的 5%，但在吸引顾客方面赌场却发挥着举足轻重的作用。名胜世界包含环众多餐厅、六家宾馆、商场、环球影城、海洋生物园等休闲购物娱乐项目，名胜世界整体投资 65.9 亿新元，占地 49 公顷，由马来西亚云顶集团投资兴建，该项目极大促进了新加坡的旅游业。2010 年 4 月 29 日第二家来自美国拉斯维加斯金沙集团投资八十亿新元建设的滨海湾金沙（见图 5-8）赌场开业。

图 5-7　新加坡圣淘沙名胜世界

图 5-8　新加坡滨海湾金沙

（6）马来西亚

云顶赌场（见图5-9）是马来西亚最大的唯一合法的赌场，其所属的云顶集团是马来西亚政府最大的财政收入来源。云顶赌场同样对本国人严格限制，不允许本国的穆斯林进入，但允许其他地方的穆斯林和马来西亚的非穆斯林，特别是华裔进入赌场赌博。据估计，中国内地赌客每年至少为云顶赌场贡献1亿美元收入。

图5-9　马来西亚云顶赌场

3. 西边邻国赌场的包围（2个国家）

我国西面邻国印度、尼泊尔的赌场也以中国游客为目标客源。

（1）尼泊尔

尼泊尔规定尼泊尔人不允许进入赌场赌博，而且只有五星级酒店才可以开设赌场，尼泊尔目前有两个城市设有赌场，一个是加德满都，另一个是博卡拉。尼泊尔现有9家赌场，其中，加德满都8家，博卡拉1家。早在1968年尼泊尔加德满都市就建立了尼泊尔第一家赌场——尼泊尔赌场（见图5-10）。目前该赌场有11张赌桌和60台老虎机。尼泊尔最大的赌场是安娜赌场，拥有40张赌桌和200台老虎机。尼泊尔的赌客主要是中国人和印度人。

图 5-10　尼泊尔赌场

（2）印度

印度有两个博彩合法化的省，分别是锡金和果阿省。锡金省规定赌场必须开设在五星级酒店或度假村内，甘托克帝京酒店的锡金赌场于 2008 年 4 月开业，该赌场有 5 张赌桌和 10 台老虎机，由于锡金是进入印度的第一站，所以中国游客喜欢在此投注。另一个是果阿赌场，果阿依靠美丽的沙滩和阳光，每年吸引超过 240 万的游客。果阿除了有 9 家离岸赌场（赌场设在赌船上）（见图 5-11）外，还有 7 家设在五星级酒店与度假中心的赌场，其中，最大的赌场是有 150 台老虎机的赢家赌场。果阿的赌场在过去几年也得以蓬勃发展，并且大有供不应求扩张之势。

图 5-11　印度赌船

4. 北边邻国赌场的包围（6 个国家）

北面邻国俄罗斯、哈萨克斯坦、吉尔吉斯斯坦、塔吉克斯坦、乌兹别克斯坦纷纷开设赌场。

（1）俄罗斯

近几年博彩业在俄罗斯得到了较快的发展，莫斯科的博彩业所占份额最大，从 2002 至 2005 年，莫斯科的赌场数量增长了 60%。2006 年，莫斯科城里仅老虎机就有 10 万台，各类大小赌场达到 2770 家，赌场数居全球之首，被称为"东方拉斯维加斯"，其年交易额将近 60 亿美元。2007 年 7 月 1 日，新《赌博法》的实施，对经营赌场的条件进行了严格的限制。从 2007 年年初开始，莫斯科市已开始关闭大部分赌场，陆续迁出了 1954 家，约占市内赌场总数量的 70.5%；2007 年 7 月 1 日起，莫斯科全市剩下的近 800 个赌场，还将继续缩减到 22 个大型职业赌场和 340 个赌博厅。对于不符合要求的赌场将被关闭，符合要求的赌场允许继续营业到 2009 年 7 月 1 日。2009 年 5 月以前，俄罗斯曾有 169 家赌场和 4743 个老虎机游戏厅，赌场数量仅次于美国和法国，成为世界上第三大赌场。俄罗斯有名的赌场在莫斯科和圣彼得堡。到 2009 年 5 月，莫斯科仅有 54 家赌场排名世界第三（拉斯维加斯有 122 家，迈阿密有 74 家）。圣彼得堡是世界第七大赌城，有 28 个赌场。2009 年 7 月 1 日后，所有的赌场要么关闭，要么必须把业务转移到四大"赌博特区"：阿尔泰边疆区、滨海边疆区、加里宁格勒州以及克拉斯诺达尔边疆区和罗斯托夫州交界地带的 4 个对赌博业开放的区域。事实上，俄罗斯政府也早已决定将赌场"发配"到临近中国的边境地区，以吸引中国赌客。

2010 年 1 月 30 日于罗斯托夫州和克拉斯诺达尔边疆区交界处的赌博专区 Orakul 赌场开始营业，如下图（图 5-12）。

图 5-12 俄罗斯 Orakul 赌场

（2）近年来，哈萨克斯坦、吉尔吉斯斯坦、土库曼斯坦、乌兹别克斯坦等中亚国家，纷纷建起赌场，而且目标客源都是以中国赌客为主。其中，哈萨克斯坦有 141 家赌场，政府正打算把原有的赌场全部关闭，将赌场集中，准备建两个中国澳门或拉斯维加斯规模，以带来更多的经济收益。有意思的是，该国计划兴建的两个赌城，南方的一个位于 Kapshagai，距中国边境 300 公里；北方一个位于 Burabay，接近俄罗斯，预计 3 至 5 年内落成。这两个赌场，似乎是分别为中国和俄罗斯的赌客而建。

综上可见，中国的东南西北所有与中国接壤、隔海相望的国家，都开设了赌场（见表 5-4），大都以中国人为博彩消费的目标对象。甚至远在万里之外的美国拉斯维加斯为了吸引数十万华人观光客，专门建起一座"中国城"[①]（见图 5-13）。在它的中心广场前，矗立着一尊唐僧师徒四人"西游记"雕塑，雕像的寓意是华人来西方取经也取金。同时，拉斯维加斯的赌场为了发掘中国内地的潜在赌客，纷纷在各大城市设立代理处拉拢赌客。目前，中国已成为拉斯维加斯的最大客源地。正如新加坡内阁资政李光耀所说："除了一些因宗教因素而禁止赌博的国家之外，亚洲大多数国家已出现从赌博行业赚取收入的'无可避免的渐进潮流'"。

---

① 1990 年唐人街也在拉斯维加斯落户，很快成为亚洲裔美国人的聚集地，因为这些关系拉斯维加斯成为美国发展最迅速的城市之一，且当地赌博事业为该地区重要的经济支柱。

表 5-4 我国周边国家赌场

距我国方位	国 家	赌 场
东	朝鲜	平壤卡西婼、海景卡西诺
	韩国	奥林波斯旅游酒店、华克山庄赌场
	菲律宾	菲律宾娱乐博彩公司
南	越南	涂山赌场
	老挝	丹沙湾赌场、沙湾维加斯娱乐城、磨丁黄金赌场
	缅甸	金三角、东方大酒店、蓝盾娱乐城、老东方娱乐城
	柬埔寨	金界赌场
	新加坡	圣淘沙名胜世界、滨海湾金沙
	马来西亚	云顶赌场、Tropical Gaming 赌场
西	印度	锡金赌场、果阿赌场
	尼泊尔	尼泊尔赌场
北	俄罗斯	四大"赌博特区":阿尔泰边疆区、滨海边疆区、加里宁格勒州、克拉斯诺达尔边疆区和罗斯托夫州交界地带
	哈萨克斯坦	Kapshagai 赌场、Burabay 赌场

资料来源:作者整理

图 5-13 拉斯维加斯的中国城

资料来源:作者在美国拉斯维加斯学习和调研期间拍摄。

总的来说，我国周边国家的赌场兴起可归结为两个阶段，第一个阶段是20世纪60—80年代，"二战"后各国急需资金和项目投资重振经济，马来西亚和韩国首先打破禁赌束缚，实现了赌场合法化。第二个阶段是20世纪90年代至今的赌场的兴盛期，各国开始围绕中国赌客在边境开设赌场。

5.3   我国发展博彩业的必要性

通过对我国博彩业的内外环境分析，我国适度发展博彩业非常必要。主要表现为满足国人博彩需求，实现"第三次分配"，缩小贫富差距，顺应世界博彩潮流，减少赌资外流，取得经济社会正效应。

5.3.1   供不应求的博彩娱乐需求需要满足

依据马斯洛人类需求层次理论，人有生理需求、安全需求、社交需求、尊重需求，在这些需求依次得到满足之后，人有自我实现、进行娱乐和冒险的需求。正是由于我国政府目前许可的唯一博彩产品——彩票（幸运博彩），无法满足人们日益增长的博彩需求，非法渠道的地下私彩才有机会逐步壮大，公民赴境外博彩消费增多，导致大量赌资外流，中国周边邻国先后开赌，仿佛张开"吸金大口"使得中国赌资大量外流，并给中国带来了大量赌害。与此相反，我国周边邻国基本上是"有赌益而无赌害的"，比如我国周边新加坡、朝鲜、越南、韩国等。他们都禁止本国公民入场赌博，专为外来赌客提供服务，在获取外国赌客的利益之后，直接将赌害"出口"到了国外。所以，我国要遏制地下私彩、堵住赌资外流和突破周边邻国赌场的重重包围，就需要适度发展博彩业。

5.3.2   实现"第三次分配"，缩小贫富差距

随着我国经济的快速发展，我国的贫富差距也在不断扩大。2008年我

国基尼系数达到了 0.475，超过国际警戒线，我国进入了一个比较严重的两极分化时期，需要一个"杠杆"来缩小贫富差距。与此同时，我国的区域经济发展不均衡的现实需要通过第三次分配手段加以调节。西方经济学家将彩票等称作"第三次分配"，即通过募捐、筹集公益资金，兴办各种福利事业。在市场经济条件下，博彩业正是在不同收入层面上实现再分配的"神奇之杖"，在一定程度上可以劫富济贫，缩小贫富差距。

5.3.3　顺应世界博彩潮流

随着博彩业在全球的迅猛发展，人们对博彩业的看法发生了较大变化，博彩娱乐已被认为是一种正常的娱乐活动，逐渐被人们所接受。同时，我国人口多，潜在赌客基数大，赌客绝对数量多，政府无法从根本上杜绝地下或境外博彩活动，不如顺应世界潮流，适度发展博彩业，正如《大趋势》的作者纳斯比特所说："趋势，就像马匹一样，顺着其已开始的方向走要容易得多。"

5.3.4　减少赌资外流，取得经济社会正效应

新加坡开赌一年来，旅游经济得以飞速发展。一方面，新加坡开赌堵住了本国部分赌资外流，新加坡人喜欢赌，2002 年和 2003 年在彩票、运动博彩和赛马方面为政府贡献了 9.18 亿美元的博彩税收，大约占新加坡财政收入的 1/10。有关新加坡人在海外赌场的赌博开支，国外有多种估计：根据美国博彩与休闲咨询公司（The Innovation Group）的资料，新加坡人在赌船上的开支为 4 亿美元，而在万丹岛赌场的开支为 1.4 亿美元，这两处的赌博合计就超过 5.4 亿美元。另一项估计是新加坡人每年在周边国家的赌场和赌船上的赌博开支达 7.2 亿美元。新加坡人在海外所有赌场的消费每年高达 10 亿美元，而美林公司估计为 7.35 亿美元。开赌有助于减少赌资外流。美林公司估计新加坡开赌可以使目前流向海外的赌资的 50%—60% 留在新加坡。另一方面，更重要的是，新加坡通过博彩业带动旅游业、

会展业、餐饮业乃至整个经济的发展，赚取大量外汇。中国应考虑借鉴新加坡的成功经验，适度发展博彩业。

5.4　我国发展博彩业的可行性

在我国发展博彩业十分必要，那么在我国发展博彩业是否可行呢？本节从以下五个方面论述其发展的可行性，即经济条件、经验积累、政治条件、文化认同条件及风险可控性。

5.4.1　经济条件

国际经验表明，一国的经济增长趋势与其博彩业的发展基本是同步的。从历史发展来看，世界经济发展最快的时期也是博彩业跨越式发展的时期。中国人均 GDP 自 2008 年超过 3000 美元以来，博彩业发展的经济条件和人们休闲娱乐的需求正相互匹配。

除个别年份的特殊因素外，1989—2011 年 23 年间有 17 个年份我国彩票增长率超过了 GDP 的增速（见图 5-14）。这意味着在经济持续增长的同时，我国的博彩需求将保持高速增长态势。

图 5-14　1989—2011 年各年彩票销售额增长率与 GDP 增长率

5.4.2　经验积累

（1）积累了行业经验

我国彩票业已有将近30年的历史，积累了一定的理论和实战经验。内地赛马已经在武汉、北京、天津、海南等地进行了陆陆续续的试点，尤其是中国澳门、中国香港地区发展博彩业的成功经验，为内地循序渐进发展博彩业奠定了基础。

（2）我国法律体系日益完善

我国的法律法规日趋完善，特别是2009年7月1日我国颁布了《彩票管理条例》，标志着国家对博彩业的管理立法积累了经验。我们期待着位阶更高的《彩票法》甚至是《博彩法》出台，满足我国日益发展的彩票业和将来博彩业的需要。

5.4.3　政治条件

发展博彩业日益得到民众认同。每年全国"两会"期间，均有人大代表或政协委员提出发展博彩业的议案（见表5-5），另外，各地的"两会"代表也相继提出类似议案，如提议发行教育彩票、竞猜型赛马彩票、健康彩票、地区彩票、环保彩票等。根据互联网上的调查，大多数网民同意发展或拓宽博彩业。

表5-5　全国"两会"代表关于博彩的提案

年份	提案内容
2001	浙江全国人大代表蔡奇提交议案，建议"制定彩票法"。 全国人大代表、清华大学教授韦文林等提交议案，建议"发行教育彩票，弥补教育经费的不足。 全国政协委员徐永光提案，建议"发行保护母亲河彩票"。
2002	7位全国人大代表提交议案，222人联合签名，建议"制定彩票法"。

续表

年份	提案内容
2003	全国人大代表陈妙珍提交议案，建议"发行教育彩票，以增加欠发达地区教育资金"。
2004	全国人大代表彭镇秋提交议案，建议"尽快出台彩票法，推近彩票机构改革"。湖北省全国政协代表团连续 3 次向全国政协提案，建议"在武汉试发行竞猜型赛马彩票"。
2005	山东全国人大代表杨伟程提交议案，建议"抓紧制定彩票法"。重庆全国政协委员陈万志提案，建议"禁止鼓动弱势群体购买彩票"。
2006	全国人大代表申丹提交议案，建议"发行教育彩票，募集资金用于希望工程及贫困地区教育设施"。
2007	全国政协委员万选蓉提案，建议"福利彩票公益金设置专项工程用于对困难聋儿救助治疗"。
2008	全国政协委员王林提案，建议"发行法律援助彩票"。全国政协委员刘玉岭提案，建议"建议将彩票公益金投入到特殊教育学校，用于职业教育的发展，让残疾人掌握生存的技能"。四川全国人大代表罗强建议，"发行生态彩票"。
2009	人大代表沙振权提议"发行公交彩票，扶持公交行业发展"。
2011	全国人大代表陈飞提议"发行环保彩票"。全国政协委员白玛提案，建议"发行三江源生态彩票"。全国人大代表柏广新提议"发行公民公寓福利彩票"。
2012	全国政协委员许家印建议，"增加竞猜中超中甲足彩"。全国政协委员徐晓兰建议"适当发展电子彩票"。

资料来源：根据历年全国两会议案提案公开信息整理。

5.4.4 博彩文化认同

自从人类进入文明社会以来，博彩就一直是最普遍、最大众化的娱乐活动。我国也不例外，夏朝末期的博戏游戏距今已有 3500 余年的历史，据《史记》记载，在商朝时期这种赌博游戏曾经极为流行。[①] 六博也是我国春秋战

---

① 朱蕾：《赌博的历史》，哈尔滨出版社，2009 年版。

国时期盛行的一种互娱性赌博游戏。"六博"游戏的规则是：游戏者首先进行投子（掷箸），然后依据掷出不同的图案（即箸的正反面不同组合），双方依彩行棋，得贵彩者走的步数多，得杂彩者走的步数少，甚至不得走动，行棋的步数完全由博彩决定。投子过程被称为"博"，掷出的图案被称为"彩"。游戏者在博彩之后，才能依彩行"六博"棋。

博彩活动在我国不仅历史悠久，而且参与者众多。自古以来，既有王侯将相的霸赌，达官贵人的豪赌，文人志士的雅赌，女子秀外慧中的闺赌，还有民间市井、街头巷尾的小赌怡情，不同身份的人以形形色色的方式参与博彩活动乐在其中。可见，博彩在我国几乎是历史最悠久、参与程度最广、甚至可以说是无处不在的社会游戏活动。所有的人不分年龄、性别、职业、民族、经济状况等都可参与到博彩活动中。早在 20 世纪 80 年代就有人描述过"十亿人民九亿赌"的情形，而在今天这个日新月异的电子时代，博彩活动又增添了新的动力，一些新式博彩活动如电子游戏、网络游戏应运而生。如今博彩已经演变成一种大众文化，对人类的生活形成了一定影响。作为人类的文化形态之一，博彩在我国既有历史传统，又符合现实的基本国情。

表 5-6　博彩产品的文化认同特征

博彩产品	文化认同程度	表现
彩票	现代较高	彩票存在短短二十多年的历史，已被广泛认同。
赛马	古代、现代高	赛马场被认为是社会经济文化发达的标志和综合国力的象征。
赌场	两面性	一方面，赌博由来已久，文化认同基础深厚；另一方面，我国传统文化有"五不孝"，赌博便是其中之一。

资料来源：作者整理

如表 5-6 所示，虽然赌场文化认同具有两面性，但是赌博在我国由来已久，文化认同基础比较深厚；彩票在短短二十多年已被广泛认同；赛马常被认为是社会经济文化发达的标志和综合国力的象征。

由此可见，博彩活动在我国有着广泛的文化认同，这些为我国发展博彩业奠定了良好的基础。

5.4.5 发展博彩产业的风险可控性

在我国博彩业长期被当作赌博，是与毒品、色情等一样的社会罪恶，是犯罪和腐败的根源，博彩一直被列为"禁区"。这种情形不是我国的专利，是几乎所有博彩合法化国家都经历过的禁与开的过程，英国就曾禁止几百年。美国也曾几度禁赌。法国前总统蓬皮杜曾说过："走向毁灭的道路有三条：黄、赌、毒。"该产业一直受到人们的批判和世界上不少政府的严格限制。即使一些博彩合法化的国家也设立了严格的条件，包括开放时间、地点和身份等都进行了限制，比如美国拉斯维加斯地处内华达州沙漠腹地；马来西亚的云顶赌场位于海拔2000多米的连绵山脉上的云顶高地，当时那里是一片与世隔绝的原始森林；再比如越南规定赌场只对外国人开放。

1. 从思想上接受博彩这一必要的"罪恶"

20世纪80年代我国内地实行改革开放政策以来，作为博彩业中相对低端的产品——彩票业逐渐在全国得到了普遍接受和迅速发展。彩票业每年筹集大量彩票公益金，为我国公益慈善、社会福利和体育事业做出了重要贡献，同时也满足了人们日益增长的休闲娱乐需求，博彩业已成为主流休闲活动的一部分。

无论是穷人还是富人，都愿意从事娱乐游戏活动。由于人们的生活水平日益提高，闲暇时间日益增加，人们对博彩的需求会越来越多，随着人们对博彩认识的深入和博彩监管能力的提高，人们逐渐把博彩视为正当的娱乐消费，把博彩产品视为一种休闲娱乐的精神消费商品。过去被视为罪恶的赌博活动现在已经被国际社会所普遍接受。所以，正如美国新泽西州政府所言："赌场赌博是一种必要的罪恶"。

2.从行动上严格监管博彩可能带来的社会风险

博彩可激发一部分人一夜暴富的投机心理，使其不愿通过合理合法、诚实的劳动来发财致富。对于这种风险可以通过道德宣传、价值观和人生观宣传进行教育，对于严重违法犯罪的负面影响，可以设置道德底线，通过法律法规加以规范约束。从国外发展博彩业的情况看，博彩业客观上确实可能会带来一些社会风险，增加违法犯罪等。但这些风险是可以控制和治理的，为此，我国可以借鉴国外的先进经验和做法。

（1）成立国家博彩管理委员会

成立一个相对独立的监管部门——国家博彩管理委员会，负责对我国博彩业进行监管并制定国家博彩业的法律法规。

如果博彩监管时机成熟，可以效仿美国、英国、澳大利亚等博彩发达国家成立类似我国金融行业"三驾马车"的中国银行业监督管理委员会、中国证券监督管理委员会、中国保险监督管理委员会的机构，成立专门的中国博彩监督管理委员会，形成"四驾马车"，对我国博彩行业进行监督和管理。

（2）借鉴新加坡经验，对监管者"监管"

新加坡内政部负责监督管理赌场管理局，赌场管理局负责颁发经营许可，并负责调查经营者的相关背景。新加坡赌场管理局在享有监督权利的同时，还同时受内政部监管。我国应对博彩监管者进行"监管"，使其享受监管权的同时承担相应义务。

（3）成立博彩行业协会，进行行业自律

通过行业协会配合政府加强行业监督，是国际通行的政府管理方式。时机成熟时，我国可考虑成立"中国博彩业协会"，进行行业自律监督。

（4）构建适应中国国情的"责任博彩"机制

面向风险控制和安全保障的"责任博彩"机制，应该包括制度保障、技术保障、管理保障、责任保障与最大覆盖面的博彩参与者保障，构建责任博彩机制有利于最大限度地减少博彩的负面影响。

5.5　本章小结

通过本章分析，得出结论如下：

1. 世界范围内供不应求的博彩业，具有良好的发展前景。

2. 我国当前面临东、西、南、北周边国家赌场的重重包围，大量赌资外流，地下私彩泛滥，"内忧外患"的中国应考虑借鉴新加坡开赌的成功经验，适度发展博彩业。

3. 我国发展博彩业是必要的。首先，满足个人供不应求的博彩娱乐需求。其次，从国家角度实现"第三次分配"的需要。再次，发展博彩业已成为一种世界潮流，势不可当，一向保守的新加坡解禁开赌对我国有典型的示范效应。

4. 我国发展博彩业是可行的。一是我国已经具备发展博彩业的经济条件；二是博彩业的管理经验不断积累；三是民众的开赌需求通过全国"两会"转化为政治表达，政治条件相应成熟；四是我国博彩文化源远流长，文化认同基础深厚；五是博彩业带来的负面社会影响具有风险可控性。

第6章 我国发展博彩业的博弈选择

面对巨额赌资外流、地下私彩泛滥以及世界博彩业的汹涌潮流，我国政府必须重新审视我国的博彩政策，在博彩产品和方式上做出新的决策。本章将运用博弈论定性分析我国政府的政策选择，并运用固定效应模型定量分析影响我国彩票业的发展因素以及存在的问题。

6.1 博弈选择

诺贝尔经济学奖获得者、著名经济学家保罗·萨缪尔森说，"你可以将一只鹦鹉训练成经济学家，因为它所需要学习的只有两个词——供给与需求"。博弈论专家坎多瑞引申说："要成为现代经济学家，这只鹦鹉必须再多学一个词，这个词就是'纳什均衡'"。当然，萨缪尔森也认为，"要想在现代社会做一个有文化的人，你必须对博弈论有一个大致了解。"本书将运用博弈论来分析世界各国博彩业开赌禁赌的博弈选择。

6.1.1 博弈论

博弈论（Game Theory），又称对策论，是研究在特定条件下，多个个体或团队博弈过程中，根据对方的策略，来制定相应策略的学科。博弈论是研究具有竞争性行为的理论，在竞争性行为中，参加竞争的各方有着不同的利益需求。为实现自己的目标，博弈各方必须考虑对方的各种可能策略，从而制定出对自己最有利的策略。

一般的博弈模型由三要素构成，一是局中人（players），又称为当事人，二是局中人可选择的策略（strategies），三是所有可能的对局的结果，对局结果一般用局中人的博弈所得表示，即收益或支付（payoffs）。根据对局中人行为约束程度，博弈可分为合作博弈和非合作博弈。如果当事人之间有一个具有约束力的协议，就是合作博弈，否则，就是非合作博弈。根据局中人行为的时间序列，博弈论又分为静态博弈和动态博弈：静态博弈是指局中人同时做出选择，或虽非同时行动但后者并不知道前者采取了什么策略；动态博弈是指局中人的行动有先后顺序，且后者能知道前者的行动策略。

6.1.2　"囚徒困境"的博弈

1. 政府困境

在博彩业，通常会出现一个在博弈论里可称为"政府困境"的现象。面对公众对博彩强大的需求压力，政府要根据政治公正、经济效益、社会可行性、实践检验等多个标准来选择对策。通常政府面临两方面的困境：一是资金困境。公众在收入分配问题上对政府有较大期待，政府要缩小贫富差距，减缓社会矛盾冲突，保持社会稳定，需要大笔资金。二是社会道德舆论压力。尽管选择博彩筹资能给人们以娱乐活动和投机心理的满足，甚至减少更多严重的由于投机而形成的社会隐患，但却面临着强大的舆论压力。

2. 国与国之间的博弈

国与国之间在世界博彩业中是天然对立的。世界博彩市场包括开放博彩的国家或地区，以及禁止或者不放开博彩业的国家。博彩业天然具有损害他国、自我受益、以邻为壑的特性，博彩机构显然是一种谋取他国利益的金融工具。开赌的国家越多，坚持不开赌的国家受害就越多，使得"逼良为赌"成为一种趋势，即越来越多的国家不得不开放赌业以保护自我利益。

根据美国赌博协会的调查，大国如美国、澳大利亚等不能从本国的赌博产业中获得净收益，中型国家如印度能实现基本的收支平衡，只有小国才能通过赌博获得净收益。据此，中国陷入"囚徒困境"，无论是"禁赌"还是"开赌"，都只会在世界博彩市场上受损，只是受损程度不同而已，事实上，中国的选择就是两害相权取其轻。

6.1.3 "禁赌"与"开赌"的博弈选择

各国政府针对是否发展博彩业，"开赌"还是"禁赌"的博弈选择，实质上是各国政府在保持社会控制能力与发展社会公益福利事业的博弈，下面用博弈论分析各国政府博彩业的政策选择。

表 6-1　中国与外国政府对博彩业的博弈选择

类别	禁赌	开赌
禁赌	3，3	−1，5
开赌	5，−1	1，1

如表 6-1 所示，国与国是否发展博彩业的博弈，共有四种策略组合。

第一种博弈选择是：所有国家都选择禁赌，收益均为 3。在这场开放博彩的决策中，最美好的纳什均衡状态（3，3）即第一种博弈选择，中国政府与外国政府"都选择禁赌"，这种情况下博彩业带来的社会负面影响为零。但是赌博是一种无益产品（Demerit Goods），在松散的卡特尔联盟中，对各个成员几乎没有任何约束力，只要有一个国家违背契约开赌，就会从其他国家掘取利益，致使遵守契约的国家受损，因此，在信息不对称，不确定性无法消除的情况下，越来越少的国家愿意恪守契约而任由他国开赌掘取本国利益。欧洲的蒙特卡罗、美国的拉斯维加斯、中国澳门都是"无他途以为生计"才靠赌业为经济支柱。各国政府都禁赌是不可能的。

第二种博弈选择是：他国禁赌我国开赌，我国收益为5，他国收益为 –1，对中国而言，这是最优策略。外国政府"禁赌"，中国政府"开赌"仅是理论上的分析，现实生活中是不存在的。不仅如上所述，欧洲的蒙特卡罗、美国拉斯维加斯、中国澳门特别行政区开赌，而且我国周边邻国纷纷开赌，已经将我国重重包围，而我国尚未开赌，不符合现实情况。

第三种博弈选择是：我国"禁赌"，他国"开赌"，我国收益为 –1，他国收益为5，对中国而言，这是最差策略。我国被开赌国无限剥削为 –1。显然，这一结果最不可取，因此，国与国之间的博弈最终只能在第四个区间实现纳什均衡。

第四种博弈选择是：各国都开赌，收益均为1。在禁赌与开赌之间，各国进行了最理性的选择，但却均违背了各国政府倡导的伦理规范，面对博彩利益，各国政府均陷入了"囚徒困境"，欲放不忍，欲禁不能。

博弈选择的结果是中国政府应适度发展博彩业。目前面对博彩"全球化"浪潮，单纯建立彩票市场远远无法防止赌资外流，从国际外部性的力度来说，赌场最强，赛马次之，而彩票的力量根本无法与之竞争。中国要想留住赌客，截住资金，甚至吸纳一部分国外赌资，最有效的工具是赌场，其次是赛马，彩票作为金融工具的作用微乎其微。另外，对于地下私彩和地下赌球，在久禁不止的情况下，与其让赌害愈演愈烈，不如让其公开化，纳入正规管理。博彩业的现状也表明有赌场就有经济效益，有赌客就有赌害。华人占90%的新加坡开赌，对我国有重要示范意义。中国禁赌导致目前每年至少一万亿赌资外流，相当于国家财政收入的十分之一。同时，博彩业天然就以邻为壑、损人利己，因此，越来越多的国家把开放博彩业作为谋取他国利益的一种金融工具。开赌的国家越多，不开赌的国家受到的损失就越大，为保护自我利益，越来越多的国家不得不开放赌业。随着开赌国占据多数，原来开赌国对禁赌国的剥削演绎成了开赌国与开赌国的竞争，这一重复动态博弈必将继续下去。

从宏观考虑，博彩作为特殊的谋取他国财富的金融工具，能造成外部不经济，解除禁赌令可以减轻本国金融利益损失。中国被周边国家的赌场包围，巨额财富转移现象严重。禁赌面临巨大的金融利益损失。从微观考虑，国内合法的博彩产品供应短缺，博彩消费者需求旺盛，私彩、赌球等非法博彩盛行。制度经济学认为，非正式制度的产生就是因为正式制度供应不足。因此，中国政府的现实选择是：完善博彩的立法和监管机制，打击非法博彩，提倡责任博彩；合理利用中国澳门优势，改变博彩业发展战略，扩大中国澳门博彩业的内地衍生地区；大力发展政府主导的博彩业，提供更多合法的政府监管得力的博彩产品。

6.1.3.1 经济正效应与负效应的比较

由于我国彩票已经运营多年，并逐渐走向成熟。本小节只对比赛马和赌场的经济正效应和负效应。本书采取相对性评价方法，正负效应最大赋值为"5"，最小赋值为"1"，分别表示影响能力最强（5）、较强（4）、一般（3）、较弱（2）、最弱（1）；总体效应为正效应之和减去负效应之和后的差，若该差值为正，则总体呈现为正效应，若该差值为负，则总体呈现为负效应（见表6-2）。赛马的效应参照中国香港案例；赌场的效应根据中国澳门、拉斯维加斯、新加坡等赌场的经验判断（下节同）。

1. 经济正效应比较

作为金融工具赌场比赛马力度要强，尤其是在财税收入、形成乘数效应和夺回效应方面，赌场远胜赛马，赌场分别赋值为5，赛马则分别赋值为3、3、2。但在促进就业，带动关联产业上，因赛马业属于劳动密集型产业，且产业链条更长，因此赛马要比赌场的效应更明显一些，这两个指标，赛马分别赋值为4，赌场分别赋值为3。经济正效应总体得分赛马为16，赌场为21。

2. 经济负效应比较

如前文所述，赛马和赌场的经济负效应均不太明显，相对而言，赌场的行业吞噬和挤出效应比赛马要略大一些，主要是因为赌场的影响力更大一些，这两个指标赛马分别赋值为1，赌场分别赋值为2。在法律完善、监管到位的情况下，寻租活动如同其他行业一样存在，赛马和赌场并无明显区别，分别赋值为2。经济负效应总体来说赛马为4，赌场为6。

经济正负效应相抵后，赛马的总体效应为正，得分为12，赌场的总体效应也为正，得分为15。综合来看，通过相对性评价，本书认为，赌场比赛马的经济效应要好。

表6-2 赛马、赌场的经济正效应与负效应比较

	效应维度	赛马	赌场
正效应	促进财政收入	3	5
	促进就业	4	3
	带动关联产业，促进消费	4	3
	形成乘数效应	3	5
	促进入口替代（夺回）效应	2	5
	小计	16	21
负效应	寻租	2	2
	行业吞噬效应	1	2
	挤出效应	1	2
	小计	4	6
总体效应	相对性评价 = 正效应（小计）- 负效应（小计）	12	15

6.1.3.2 社会正效应与负效应的比较

如前文所述，博彩产品的差异性表现在技巧性、管控难度和安全性、社会影响力、动机、投机机制、公益金分配等方面，本节对赛马和赌场社会正负效应的相对性评价则主要依据其差异性和前文关于博彩社会正负效应的分析。

赛马、赌场的社会正效应与负效应比较如表6-3所示。

表 6-3 赛马、赌场的社会正效应与负效应比较

	效应维度	赛马	赌场
正效应	为公益慈善做贡献	5	2
	缩小贫富差距	2	1
	促进现代生活的休闲化、娱乐化	5	4
	小计	12	7
负效应	助长投机心理、抑制实体经济	2	4
	导致违法犯罪	1	4
	产生问题赌徒或病态赌徒等负面问题	3	5
	小计	6	13
总体效应	相对性评价 = 正效应（小计）- 负效应（小计）	6	-6

1. 社会正效应比较

从公益慈善的贡献来看，赛马属于体育博彩项目，与足彩类似，社会公益性最为明显，赋值为5。赌场具有强烈的竞争性，以私人主导为主，社会公益性相对较弱，赋值为2。

从第三次分配功能，缩小贫富差距看，因为筹集到的资金有限，效果均不太明显，但赛马基金扶贫济困者多，胜于赌场，分别赋值2和1。

从休闲、娱乐性看，赛马气氛热烈，马迷们互动性强，对马匹、骑师等资料的分析判断充满乐趣，赌场惊险刺激，斗智斗勇，一旦输钱，往往会从休闲娱乐滑向痛苦深渊。相比而言，赛马的休闲性、娱乐性更强一些，分别赋值5和4。最终，社会正效应赛马得分为12，赌场为8。

2. 社会负效应比较

从助长投机，抑制实体经济看，赌场每天营业，随来随赌，社会影响力更比赛马要强，赌场容易让人以赌为业，抑制实体经济的程度更强一些，

赛马则不然，尽管可以安排更多场次，但一般在周末举办，对实体经济影响较小。赌场赋值为 4，赛马赋值为 2。

从与违法犯罪的相关性看，赌场管控难度最大，安全性最小，相对而言更易导致违法犯罪，赋值为 4，赛马导致违法犯罪的概率相对较少，赋值为 1。

从产生问题或病态赌徒的可能性、覆盖面看，因动机不同，期望值不同，赢钱概率不同，赛马和赌场导致的问题或病态赌徒的负效应也不同。相较而言，赌场因技巧性强、竞争性、对抗性激烈，容易激发人的不服输心理，比赛马更易产生问题或病态赌徒，赌场赋值为 5，赛马赋值为 3。

社会正负效应相抵后，赛马的总体效应为正，得分为 6，赌场的总体效应也为负，得分为 –6。综合来看，通过相对性评价，本书认为赛马要远好于赌场的社会效应。

6.1.3.3　综合比较的次优选择

根据以上博弈分析，尽管博彩业有诸多负面影响，但如果要减少本国的经济损失，中国将不得不拓展博彩产品。通过对赛马和赌场的经济、社会效应的相对性评价，我们发现赛马和赌场的总体经济效应均为正，且赌场比赛马的经济效应更为明显；不过总体社会效应分析结果显示，赛马为正，赌场为负。尽管赛马和赌场均存在经济和社会负效应，但在不得不拓展博彩产品时，按照谨慎原则，我国的次优选择是首先发展赛马业，而赌场因其较强的社会负效应，目前不宜开放发展。

6.2　我国博彩业的计量分析

目前，我国唯一合法的博彩产品形式是彩票，我国自 1987 年正式发行彩票至今已有 20 余年的历史，彩票是否能够实现其根本宗旨和理念？影响我国彩票发展的因素有哪些？彩票业还存在什么问题和不足？本节将予以检验。

6.2.1　我国博彩业的宗旨及目标

根据官方文件，我国福利彩票的宗旨是"扶老、助残、救孤、济困、赈灾[①]"，体育彩票的宗旨是"来之于民、用之于民""公益体彩，乐善人生"。尽管筹集的资金用处方向不同，但均体现了公益慈善属性。

6.2.2　以彩票业为例进行计量分析

2002 年后，彩票管理制度的统一性、连续性使我国彩票销售在历史纵向和省际横向层面均具有较强的可比性。因此，在实证时，本书选用的是 2002—2010 年 31 省 9 年的面板数据。

6.2.2.1　数据、变量和模型

我国的彩票销售收入由福利彩票和体育彩票销售收入构成。由于两种彩票的发行制度、销售模式完全相同、产品同质性程度非常高，属于替代产品，因此，在做计量分析时，我们把福利彩票和体育彩票的合计值作为数据点进行回归，以保证回归结果的稳健性和可靠性。

1. 数据

本书利用 2002—2010 年中国 31 个省市区的经济面板数据，运用 STATA12 计量软件进行回归估计。为剔除价格因素影响，使面板数据纵横可比，本书对所有价格变量进行指数化处理。过程如下：以 2002 年为基期年，根据各省当年的 GDP 指数计算出 2002 至 2010 年各年纵向可比

---

① 2008 年我国汶川地震发生，福利彩票为筹集救灾善款做出了巨大贡献，后福利彩票宗旨加入"赈灾"宗旨，2012 年初福利彩票宗旨又恢复为"扶老、助残、救孤、济困"。

的 GDP 指数，然后令各省当年的 GDP 名义值除以该可比指数，得到可比
GDP，令各省当年彩票销售收入的名义值除以该可比 GDP 指数，得到可比
彩票销售收入；同理，根据各省当年的农村居民消费价格指数和城镇居民
消费价格指数，同样以 2002 年为基期，计算出可比农村居民人均纯收入
和可比城镇居民人均可支配收入。这些数据均来自 2003—2011 年历年《中
国统计年鉴》和《中国彩票年鉴》、国家统计局网站等。

2. 变量

因变量

本书考察的是彩票销售收入的影响因素，鉴于我国各省人口、经济水
平等省情差异巨大，只有以人均值进行横纵比较，所以，因变量定为人均
彩票销售收入。

自变量

综观以往研究，大多验证了彩票销售收入与国民经济和人民收入水平
之间的关系，但很少考虑销售环节的影响，事实上，奖项设置情况和人民
购买彩票的便捷程度对彩票销售同样有着重要影响，由此，本研究这两个
因素一并考虑，共选取了 5 个自变量来检验彩票销售收入的影响因素。

（1）农村居民人均纯收入。该指标反映的是某一地区农村居民的实际
收入水平。据统计，2002 年我国有 61% 的农村人口，尽管随着城镇化的
推进，农村人口比重逐年下降，但 2010 年我国仍有 50.3% 的居民生活在
农村。电视、电话、网络的普及，农村居民外出打工、经商的大规模流动，
使彩票走进了农民生活。尤其是信息化时代，各种"彩票大奖"的强势宣
传和每注 2 元的低廉价格，对农村居民形成了强大诱惑。事实上，福彩和
体彩的激烈竞争，早已延伸到农村市场，早在 2002 年，在中、东部和部
分西部省份的乡村集市和假日卖场，都能看到显眼的彩票销售站点，因此，
在研究彩票销售时，决不能忽略农村居民这个群体。尽管大多数行业的销
售与人民收入水平正相关，但彩票博弈却是一场纯概率赌博，在"中大奖"

一日暴富的心态下，收入较低的农村居民更可能购买彩票从而与常态判断相逆。

（2）城镇居民人均可支配收入。该指标能够衡量城镇居民的收入水平和生活水平。从销售渠道看，城镇仍旧是我国彩票销售的主要地区，城镇人口集中，信息便捷，购买力强。我国彩票投注终端机的网点布局正是采取了先覆盖城镇，再转战农村的战略。该变量作为农村居民人均纯收入的替代变量，目的是验证哪个阶层的收入群体是彩票市场的主要购买者。毋庸置疑，对购买群体的准确判断是制定营销策略，扩大销售收入的前提条件。

（3）人均GDP。这是衡量某一地区经济发展水平的重要指标。理论上讲，经济增长对各行各业的销售都具有重要影响，彩票市场也不例外。根据国际经验，彩票销售收入与GDP是一个水涨船高的过程，如果两者正相关，那么就说明中国的经济增长是推动彩票市场发展的重要因素。

（4）百万大奖个数。意外之财，"百万大奖"对普通百姓是一种震撼，对彩民具有强烈的诱惑力，百万，五百万，千万，亿元大奖的开出，配以各地彩票中心和媒体的强势宣传，往往能掀起一股购买热潮，理论上讲，一个地区如果百万大奖频出，那么当地彩民中奖的期望就越高，购买彩票的支出也就会越多。

（5）每万人拥有彩票投注终端机个数。该指标用以衡量各个省份彩票销售的投入和力度。投注终端机的相对密度，密度越大，人们购买彩票就越便捷。2002至2010年间，各省都加大了投注终端机的网点建设，在全国城镇网点大规模铺建的同时，东部省份、部分中部省份和少数西部省份也在渗透农村市场，这为农村居民购买彩票提供了极大便利。

在上述5个自变量中，农村居民人均纯收入和城镇居民人均可支配收入互为替换性变量，换言之，本书构建了两个自变量组合，每组各为4个，每组中都包含人均GDP、百万大奖个数和每万人投注终端机个数这三个变量。用城镇居民人均可支配收入替代农村居民人均纯收入的理论意义：一是替换性变量之间具有相同的解释能力或政策含义，在其他因素不变的条件下，变量替换前后的回归结果应该接近一致；二是通过自变量的不同组合，考察其显著性水平的变动情况，从而分析各个自变量的解释权重；三是尽量观察更多的有用变量，充分验证估计结果的稳健性和可靠性，同时有效规避共线性问题。表6-4展示了因变量、自变量的基本统计量。

表6-4 因变量和各个自变量的基本统计量

	均值	最小值	最大值	标准差
人均彩票销售收入（元）	40.38	4.83	148.12	27.52
农村居民人均纯收入（百元）	36.45	9.16	119.43	19.07
城镇居民人均可支配收入（百元）	108.69	40.94	272.05	40.15
人均GDP	115.51	32.4	465.44	75.71
百万大奖个数	57.23	0	457	60.24
每万人拥有投注终端机个数	1.36	0.06	3.18	0.68

数据来源：2003—2011年历年中国统计年鉴、彩票年鉴，并经过处理后得到。

从上表可见，2003至2011年间，各省人均彩票消费最小的仅为4.83元，最多的也不过148.12元，百万大奖最多的省一年有457个，最少的一个也没有，每万人最多拥有3.18台销售终端机，最少的仅为0.06台。这些数据表明，我国彩票销售的纵向和横向差异较大，不平衡现象比较突出。

3. 模型

混合最小二乘法（OLS）、固定效应和随机效应模型是常用的估计面板数据的三种方法。本书首先进行模型筛选，原理如下：通过LR（似然比）检验判断个体效应是否显著，若显著，则考虑选用随机效应或固定效应模型，否则，即选用最小二乘法。当个体效应显著时，则通过HAUSMAN检验来确定最后选用固定效应还是随机效应。本书的LR（似然比）检验发现本面板数据个体效应非常显著，而HAUSMAN检验又发现本估计应该设为固定效应模型。为稳健起见，根据广义距估计原理，本书先假设为随机效应模型，然后进行过度约束检验（OVERID），结果拒绝了随机效应模型，说明选用固定效应模型是合适的。

经典的面板数据估计，模型一般设定为：

$$y_{i,t}=\beta X'_{i,t}+u_{i,t} \quad i=1，\cdots，N；t=1，\cdots，T$$

其中，i 为截面维度，t 为时间维度，N 为截面总数；T 为每个截面相对应的时间跨度，$u_{i,t}$ 为误差项。若面板数据表现为单向效应，则模型为 $u_{i,t}=f_{i,t}+\varepsilon_{i,t}$ 或 $u_{i,t}=u_i+\varepsilon_{i,t}$，若表现为双向效应，则模型为 $u_{i,t}=u_i+f_t+\varepsilon_{i,t}$，其中，$u_i$ 是体现个体效应的虚拟变量，f_t 是体现时间效应的虚拟变量。

我国地域辽阔，地区文化、消费习惯等不随时间改变的个体特征比较明显，另外，我国两种彩票的玩法推陈出新，管理制度日益完善，对彩票的发行销售有着实质性影响，具有显著的时间效应。因此，模型最终设定为双向固定效应模型：$Y_{i,t}=U_i+F_t+\beta_i X_{i,t}+\varepsilon_{i,t} \quad i=1，\cdots，N；t=1，\cdots，T$

$Y_{i,t}$ 是因变量，即人均彩票销售收入；U_i 是反映个体特征的虚拟变量；F_t 是反映时间效应的虚拟变量；$X_{i,t}$ 是自变量，包括人均 GDP、农村居民人均纯收入、城镇居民人均可支配收入、百万大奖个数、每万人拥有投注终端机个数；β_i 是自变量的系数；$\varepsilon_{i,t}$ 是误差项。

6.2.2.2 估计过程、结果及分析

1. 估计过程

面板数据兼顾横向截面和时间序列双重特征，因此，必须考察是否存在组间异方差、序列相关或截面相关现象，同时，本书也考虑了内生性问题。检验过程如下：利用 Modified Wald 检验来识别是否存在组间异方差；利用 woodridge（2002[①]）检验来判断序列相关是否显著；利用

---

① Wooldridge Jeffrey M. *Econometric Analysis of Cross Section and Panel Data*，Cambridge and London: MIT Press，2002.

Pesaran（2004[1]）检验来确定截面之间是否相关；利用 Davidson-Mckinnon（2004[2]）检验来辨识内生性问题。检验发现，2 个组合存在组间异方差、序列相关或截面相关现象，但内生性问题影响均不大。在估计过程中，本书采用了 Driscoll 和 Kraay（1998[3]）的估计方法以克服组间异方差、序列相关或截面相关问题，尽量减少估计偏差。表 6-5 列示了 2 个自变量组合的估计结果。

2. 估计结果

表 6-5 展示了两组估计的结果，样本数均为 279 个。第 1 和 2 栏均是在固定效应模型下，同时克服组间异方差、序列相关或截面相关后的估计结果，其中第 1 栏为对农村居民人均纯收入、人均 GDP、百万大奖个数、每万人拥有投注终端机个数的估计，第 2 栏是用城镇居民人均可支配收入替代掉第一栏中的农村居民人均纯收入后的估计结果。经过对比，整体上看，两组估计结果高度接近，变量替换前后所对应的系数符号完全一致，三个固定变量人均 GDP、百万大奖个数、每万人拥有投注终端机个数的显著性均保持了原来水平。两个替换变量的显著性水平发生了微小变化，但都通过了 1% 或 5% 的检验。

表 6-5　固定效应模型下 2 个组合的估计结果

	（1）	（2）
农村居民人均纯收入	−0.250**	—
	（−2.19）	—

① Pesaran M H. *General diagnostic tests for cross section dependence in panels*. Cambridge Working Papers in Economics No. 0435, Faculty of Economics, 2004, University of Cambridge.

② Davidson Russell, James G. *Mckinnon. Econometric Theory and Methods*. New York: Oxford University Press, 2004.

③ Driscoll J C, Kraay A C. *Consistent covariance matrix estimation with spatially dependent panel data*. Review of Economics and Statistics, 1998, 80（4）: 549-560.

城镇居民可支配收入	— —	−0.118*** （−2.72）
人均 GDP	0.127** （2.01）	0.134** （2.24）
百万大奖个数	0.064*** （2.69）	0.062*** （2.6）
万人拥有投注终端机个数	15.751*** （6.7）	17.478*** （6.79）
年度效应	控制	控制
Within R²	0.414	0.420
F	43.06	44.14
样本数	279	279

注：（1）上标 *、**、*** 分别表示在 10%、5%、1% 的显著水平；（2）括号中为 t 值，括号上方为估计系数。

3. 分析

两组回归结果的高度一致性，表明本模型的估计过程和估计结果稳健、可靠。接下来对各个自变量的回归结果进行进一步解析。

（1）农村居民人均纯收入和城镇居民人均可支配收入这两个衡量居民收入水平的变量分别与因变量负相关，并且分别通过了 5% 和 1% 的显著性检验。这印证了李刚（2006[①]）谢衷洁（2009[②]）的结论，即我国彩票的主力购买人群是中低收入阶层。这些中低收入人群把买彩票中大奖作为改变命运的捷径，结果往往适得其反，变得更加贫困。有报告指出，我国"问题彩民"约有 700 万，极度严重者超过 43 万人，这些问题彩民的问题之一就是购彩支出与自身收入不对等。可以说，本来以劫富济贫为目标的彩

[①] 李刚："彩票人均销量的决定因素和我国彩票市场发展趋势的预测"，《体育科学》，2006 年第 12 期。

[②] 贾晨、谢衷洁："中国福利彩票销售额影响因素分析与基于残差主成分分析的预测"，《数理统计与管理》，2009 年第 2 期。

票业已陷入一个悖论：中低收入人群通过购买彩票为彩票公益金做出了巨大贡献，从而为全民提供了福利，而彩票销售的目标人群——高收入群体购买量相对较少，并没有做出应有贡献，相反却分享了中低收入者提供的公共品。

（2）人均 GDP 与人均彩票销售收入正相关，并通过 5% 显著性检验，意味着从整体上看，一个省经济发展水平仍旧是彩票市场的重要影响因素。我国彩票业的快速发展在某种程度上主要源于我国宏观经济的持续高速增长。从 2002 年到 2010 年，我国 GDP 增长了 2.3 倍，而彩票销售收入增长了 3.3 倍，增长速度比 GDP 更快，彩票销售收入占 GDP 的比重从 0.32% 增长到了 0.41%。省际比较看，彩票销售收入与 GDP 也遵循着同样趋势。根据 Kaiseler 等（2008）[①] 的研究，一个国家彩票销售收入占 GDP 的比重呈现倒 U 形关系，即该比重开始会随着 GDP 增加而增加，达到一定的水平后，便会随着 GDP 的增加而减少。本书估计结果意味着我国彩票销售还有一定的挖掘发展空间。

（3）估计结果还表明，一个省百万大奖个数越多，人均彩票销售收入就越高。2002 年我国共有百万大奖 2015 个，到 2010 年已增长到了 2466 个，其中 500 万大奖个数所占比重一路攀升，到 2010 年已达到 63.5%，另外，9 年间，除 2002 年西藏没有百万大奖之外，其他省份每年至少都有一个百万大奖。2002 以来，我国平均每天至少有 5.5 个百万大奖诞生，2005 年以来平均每天有 2.5 个 500 万以上大奖诞生，2010 年 500 大奖平均每天达到了 4.3 个，截至 2010 年底，我国最高彩票大奖已达到 3.6 亿。百万、五百万，千万、亿万大奖的开启，给彩民以强烈震撼，加上社会媒体的大肆宣传，一定程度上激发部分彩民的消费需求。

（4）每万人拥有的投注终端机个数与人均彩票销售收入高度正相关。

---

① Kaiseler M J, Faustinoh C. *Lottery sales and per-capita GDP: An invertedU relationship*. WP 41/2008/DE/SOCIUS. 2008.

意味着销售网络越多，人群覆盖面越广，越有利于彩民就近购买，销售额也就越高。事实上，尽管我国彩票销售方式多种多样，但通过投注终端销售彩票一直为彩票销售的主要方式。投注终端机的多寡，代表着彩票销售网点的拓展情况。作为国际上通用的彩票销售方式，网点销售已有100多年历史，其强大的优势体现为，遍布城乡公开角落，满足了人们随时随地购买彩票的需要。2002年以来，大多数省份实施了"决胜终端"战略，大力开拓城镇、乡村市场，投注终端机大规模布局到了乡村人口密集的公开场所。另外各彩票中心对销售站点的形象进行了统一的设计包装，实施品牌战略，提高了社会信誉，有利于扩大彩民群体。

6.2.2.3 彩票销售的影响因素与悖论

通过对固定效应模型的估计，我们发现居民收入水平与人均彩票销售收入显著负相关，而经济发展水平、百万大奖个数、投注终端机的密度与人均彩票销售收入显著正相关。百万大奖个数和投注终端机的密度体现着彩票销售环节的策略和投入水平。通过对估计结果的进一步解释，我们可以得出如下结论：一、我国彩票业已经陷入一个悖论，即彩票业没有在富人和穷人之间实现抽肥补瘦的目标，恰恰相反，彩票使穷人提供了本应由富人提供的公共福利。究其原因，我们认为彩票博弈获奖概率均等的客观性降低了智力博弈的趣味性和成就感，导致高收入人群远离彩票市场，而低收入人群却成了彩票的购买主力，从而背离了彩票发行的宗旨，要想吸引高收入阶层介入，为公益事业做出贡献，就必须发展新的趣味性、博弈性更强的博彩业。二、我国GDP的增长支撑着彩票业的增长，近年来，中西部地区经济增长速度开始超过东部地区，预示着中西部彩票的市场潜力正在形成，发展空间巨大，彩票销售机构竭尽其能的广告宣传和促销，势必会推动中西部地区的彩票收入以更快速度增长，这将加剧彩票业的逆向调控。三、彩票业的营销水平对销售收入起着重要作用，其中，百万大奖的诱惑和无所不在的投注站点构成了销售环节的两个关键因素。这意味着，对彩票业的调控可以从这两个方面着手，如增减大奖个数，调控投注终端机的东、中、西布局。

6.3　我国博彩产品的选择

根据以上博弈分析和实证分析，本书认为，按照博彩业渐进、谨慎的发展原则，目前，我国博彩业的政策选择应该是：继续做大彩票业，适度发展赛马，禁止开放赌场。

6.3.1　继续做大彩票

2011 年我国彩票销售收入仅占全国 GDP 的 0.47%，按照该比例可以达到 1%—3% 的国际经验，我国彩票销售收入还有比较大的挖掘空间，在目前博彩产品供给一时难以改变的条件下，遏制私彩，截住赌资外流的救急之策，仍旧是继续改革做大彩票产业。这要求我们要加强监管，提高效率，改善营销方式，并以责任博彩的理念尽力降低彩票的负面效应。具体行动可着力于以下七个方面：

一、在主体层面，做好监管主体的改革与发展。可以借鉴证监会功能，成立国家博彩监管委员会。或参照法国模式，成立股份制国家彩票公司，股东分别是财政部、民政部和国家体育总局三方，各方均持有相应股份，进行事权、财权界定。中央负责全国性公益项目；民政部负责社会福利项目；国家体育总局负责重大体育工程；改革原来的彩票业的内部自我监管体系，即对民政部和体育总局下属的中国福利彩票发行管理中心和中国体育彩票管理中心进行监管；财政部要发挥应有的职能。

二、在客体层面，降低彩票发展的经济社会成本。实施彩票无纸化和电子化销售；成立博彩成瘾的相关研究会，部分留存资金用以支持相关问题彩民研究、彩票支持性研究，降低彩票的经济社会负效应。

三、加强彩票法治建设。建议出台《中华人民共和国彩票法》，规定政府发行彩票的目的、彩票的监察审计等，提高行业监管的透明度和规范性。

四、建立良好的彩票社会治理结构。形成各类型的非政府非营利组织，领域包括：关于彩票的学术研究机构、心理与法律援助中心，特别是问题彩民问题研究的专门机构；形成公民咨询和参与平台。

五、加强人才培养。设立专门机构培养高素质的博彩业管理人才和技术人才。

六、形成责任博彩机制。设计使彩票正效应最大化，负效应最小化的管理机制，促进公开、透明的彩票业行业内部交流、共享与国际化。

七、形成健康可持续的彩票文化。增强彩票的社会认同度和参与度，充分利用可信赖的媒体传播彩票文化。

6.3.2　适度发展赛马

尽管对彩票业进行改革能够在短时期内取得一定成效，但我国博彩业的根本困境还在于供给品种的短缺，因此，从长计议，在加强发展彩票业的同时，拓展博彩方式，扩大博彩产品就成了必然选择。根据上文赛马和赌场经济社会效应的相对评价，以及我国的现实国情，博彩产业应该按循序渐进、小心谨慎逐步试点开放的原则，以免因社会负效应的过大而造成社会秩序的失控。因此，下一步我国的政策选择是适度发展赛马，继续禁止赌场。

1. 我国赛马现状

20 世纪 30 年代，我国上海和天津就有了赛马场，上海赛马场甚至一度成为亚洲最大的赛马场。50年代后，赛马开始成为各类运动会的一个节目。直至1991年我国深圳成立了第一个赛马俱乐部，标志着赛马运动进入了产业化阶段（见表6-6）。

表6-6 中国赛马活动的演进

时 间	特 征
20世纪30年代	· 除了中国香港的赛马业迅速发展外，上海有2个赛马场，天津有3个赛马场，全国的赛马场逐步发展到20多个。上海的赛马场曾一度成为亚洲最大的赛马场①。
1952年8月	· 建军节，开展赛马运动比赛。
1959年	· 第一届全运会，开展了赛马比赛。
1960年	· 举办全国马术锦标赛。
1961—1982年	· 停办各类赛马活动。
1982年	· 成功加入国际马联。
1991年4月	· 新中国第一个赛马俱乐部在深圳诞生。
1992年4月	· "金马杯中国马王广州邀请赛"在广州市郊黄村开锣第二年该部就举行了"猜头马"平地赛。
1992年至今	· 赛马活动在中国持续升温。

资料来源：作者整理

伴随着赛马运动的发展，赛马博彩开始试行。1987年在西安首次举办了有奖赛马。但此后由于管理不规范，舞弊丑闻频出，都被叫停。2011年武汉举办"第六届中国武汉国际赛马节"，体育彩票进入赛马场，赛马博彩试点重新启动（见表6-7）。

---

① 杨阳："马术"，《素质教育博览》，2007年10月。

表 6-7 赛马博彩的发展历程

时　　间	阶　　段	特　　征
1987 年 2 月	探索期	• 我国首次有奖赛马活动在西安东郊长乐跑马场举行，设有五等奖。
1991 年 4 月		• 深圳率先成立赛马运动俱乐部，在香蜜湖办赛马场，举行平地速度赛马，以赛马促进旅游。
1992 年		• 广州黄村赛马场举行"中国马王广东邀请赛"；北京举行首届康西杯优马大赛。
1994 年	曲折期	• 广州开展赛马试点。
2001 年		• 成都举办"首届中国西部民族马术节"活动，爆出赌马丑闻。
2002 年		• 国家联合打击赌马现象，封闭了大多数赛马场。
2004 年		• 被称为"亚洲最大赛马场"的北京通顺赛马场，向通州区税务局申请了投注竞猜赛马，每周六举行由"北京电视台体育频道进行直播，最多的时候有三四千人参加"的马赛，后因涉嫌赌博而被叫停。
2005 年		• 亚洲规模最大的赛马场——江苏省南京赛马场全面竣工，但媒体却指"马场的投资者雄心勃勃，现在却面临着入不敷出的问题"。
2007 年		• 沉浮起落 14 年的"西部最大跑马场"、成都温江跑马场被公开拍卖。
2011 年	试点重探期	• 武汉东方麻城举行"第六届中国武汉国际赛马节"，这是新中国成立后，体育彩票首次进入我国国内赛马场。中国各地 22 支代表队前来参加各项赛事角逐。随后进行了"2011 年武汉速度赛马公开赛"、"中国速度赛马锦标赛"、"金牌骑师邀请赛"等精彩赛事。

资料来源：作者整理

2. 鼓励适度发展赛马业

要破解彩票业的悖论，应适当尝试开放博彩方式，提高博彩门槛，从而把博彩的参与主体圈定在高收入人群之内。据此，我们认为，现阶段开展赛马博彩是一个可行选择，目前，我国已有 400 余家马术俱乐部，马术运动已趋成熟，并走入了百姓生活。另外，在博彩形式上，赛马与足球博彩类似，均是竞猜型玩法，而我国足球彩票已经发行10余年，其积累的丰富经验将有助于赛马博彩的开展。因此，赛马博彩可在试点的基础上，逐步放开到发达城市。我们预计，赛马博彩的开展将与体彩、福彩形成互补之势，并实现博彩业的宗旨和理念。

首先，制定一套有关赛马的法律规范，使赛马活动一开始就有法可依，走上法制轨道。明确赛马博彩的合法身份，才能使赛马活动在法律许可的范围内活动。在法律法规的制定上，可以借鉴香港赛马会的经验，并结合内地实情进行裁剪。

其次，选择合适的赛马试点。可考虑已有马场和现有马场的条件，选择广州、武汉、北京或天津作为试点，综合考虑地理位置、市场发展、组织能力和将来长远发展等多方面因素。哪里试点，国务院享有唯一的审批权，其操作和管理由统一组织完成，以保证赛马行业的公信力和公益性。

再次，确保赛马的公益性。在扣除赛马活动相应成本的同时，做好赛马活动利润分配，保障其资金使用的公益性目的。

要适度发展赛马业要有以下七方面的保障：

（1）法律。以立法承认现代赛马的合法化地位。以立法规范中国的赛马是在政府直接领导和高度参与下发展的。以立法使社会各阶层认同赛马的地位和社会作用，更多地给予宽容和支持。

（2）组织。健全马业协会和马术协会，加强职能建设和政府支持。中国马业协会和中国马术协会是中国马业的两个主要管理机构。目前的城市马术俱乐部和马业协会的职能只局限于马匹登记，难以承担重任。

（3）技术。赛马属于特种行业，其对场地、安全等硬件设施要求极高，评估机制必须出台。

（4）性质。所有马场的所有权应由中央政府垄断控制，地方政府或企业可获得经营权。

（5）区域。重点考虑赛马试行地区的城市规划、发展需求、市场条件及组织能力。

（6）公益。制定相应的规则和利润分成比例时，确保政府收益更多地分配到社会公益事业。

（7）经验。借鉴国际通行的有效管理经验，如香港赛马会的经验，并邀请给予实地指导。

6.3.3　禁止开放赌场

根据前文对赌场经济社会效应的相对性评价，尽管赌场作为金融工具在留住赌资、缓解私彩压力、创造财税收入等方面的经济正效应比较突出，但其因其管控难度大、安全性低，直接或间接导致的社会负效应也比较大。与彩票和赛马不同，赌场博彩极易导致违法犯罪、问题赌徒或病态赌徒。一是赌场筹码上不封顶，既可以一夜暴富，也可以一夜倾家荡产，国内赌客在中国澳门动辄一夜输掉百万、千万，以致妻离子散、身败名裂的案例不在少数，这种财富大搬家式的游戏一般人都难以承受；二是赌场博彩的竞争性极强，人与人的对赌极易因为表情、语言等不和谐因素而产生冲突，倘若输钱方不服，矛盾就会随之加深，甚至产生仇恨；三是由于利益驱动，非法高利贷与赌场如影随形，而高利贷往往背靠黑社会组织，赌客一旦涉足其中，代价将极其惨重；四是赌场衍生出的各种黑社会组织给地方社会治安形成威胁，当地居民的安全感降低；五是赌场的冒险性、刺激性虽能满足人们的部分娱乐需求，但也容易让赌客沉溺其中无法自拔，从而产生很多问题赌徒或病态赌徒。除此之外，开办赌场还可能会带来其他一些意想不到的负面影响，一旦失控，对我国的政治、经济、社会造成的破坏可能会超越国家的承受限度。我国有 13 亿人口，人的嗜赌本性在赌场合法化后可能会急剧放大，在理论研究尚不充分，治理经验严重缺乏的条件下，贸然发展赌场，并不稳妥。

按照国际经验，一个国家或地区发展博彩业首先要考虑其负面影响，一般都遵循彩票、赛马、赌场的顺序依次开放；在赛马业还没成熟之前，不建议引入赌场这种博彩产品。国际经验还表明，赛马博彩可以在一定程度上替代赌场满足部分出国博彩者的需要。从世界上大部分国家的具体实践看，全面开放博彩的国家和地区还是少数。因此，目前阶段，我国在试点发展赛马的同时，应该继续禁止发展赌场。

按照其他国家或地区发展博彩的一般做法，在赛马积累了成熟经验之后，尚可考虑开放赌场，但必须具备以下条件（见表6-8）。值得说明的是，这些条件只是我国开放赌场的必要条件，并非充分条件。事实上，由于我国社会性质和意识形态等方面的限制，我国只能采取禁止赌场的政策，即便将来有所松动，也不能像其他国家那样发展赌业，最多只能是有限度地区域试点发展。

表6-8 开放赌场的必备条件

条 件	详 释
公民意愿	准则1：全体公民决定。
博彩业发展规律	准则2：彩票和赛马发展成熟与规范。
经济社会效应	准则3：最大化的经济社会正效应设计。
区域公民利益	准则4：所在区域的居民利益最大化。
管理制度和技术	准则5：继续探索中国澳门模式的优越性。集中力量发展中国澳门。
提供公益能力研究	准则6：提高公益能力的机制设计。

资料来源：作者整理

6.4 我国博彩产业的区域性发展思路

我国博彩业的发展必须把中国香港特别行政区、中国澳门特别行政区因素通盘考虑，合理布局，并且在试点成功的基础上逐步放开到其他地区。

6.4.1 把中国香港、中国澳门因素通盘考虑

内地的彩票业、中国香港的赛马业、中国澳门的赌场业可以说形成了中国博彩业的三足鼎立之势。在健康发展内地博彩业的进程中，不可忽视中国香港、中国澳门的力量，这两个地方的国际影响力巨大，对国内的影响力更大。中国香港的赛马业发展自成一体，在"一国两制"的制度框架内"马照跑、舞照跳"，它对于内地的示范效应、经验传递等都有积极意义。特别是当祖国内地适度发展赛马业的时候，中国香港赛马业的作用就非常明显了，尤其是以下几个领域：

1.保持继续的繁荣，保持居民生活方式，形成中西合璧的赛马文化，做文化标杆。

2.提供内地赛马的管理和技术指导。在标准设立、场地评估等方面，内地需要各方力量的支持，这时候，中国香港的马会及其团队的人才支撑就显得特别重要。

3.提供赛马业社会治理的经验。祖国内地的马业协会等制度建设还不完善，需要加强交流。

4.提供人才培养与学术研究的支持。人才培养是建设内部性经济，学术研究是避免问题博彩的经济社会负效应。

5.形成区域布局建议，从试点一开始，就设立明确的准入制度和国家直接管理的监督管理措施，避免形成恶性竞争，最终形成以中国香港为中国赛马业中心，各区域互补发展的趋势，设立一个合适的规模、适度的控制标准。

在中国内地禁止开放赌场的政策选择下，中国澳门赌场的意义就显得格外重大，它必须承担防治赌资外流加重的任务。面对中国澳门博彩旅游客源的内地化趋势，中国澳门特别行政区一方面是要尽量消化由此带来的经济社会负效应和风险，另一方面要不断探索博彩旅游业和其他产业间的

融合、配置，使得产业结构更加健全。

6.4.2 试点海南：形成博彩业渐进发展体系

2010 年 1 月，国务院出台《国务院关于推进海南国际旅游岛建设发展的若干意见》，批准海南探索发展竞猜型体育彩票和大型国际赛事即开型彩票，标志着海南试点的开始。

6.4.2.1 海南发展博彩业的 SWOT 分析

海南发展博彩业的优势与劣势并存，机会与威胁同在。其中优势最明显的是区位优势、交通优势、政策优势和游客基础优势；劣势最明显的是起步阶段劣势，基础设施、服务水平、品牌管理劣势，法律、人才劣势等；机会包括周边国家适时发展的成功机会、国内外居民博彩需求大的机会；威胁包括：国内外竞争激烈的威胁、地下私彩的威胁还有传统观念的威胁等。

1. 优势

（1）区位优势。海南是我国最年轻的省份和最大的经济特区；是仅次于台湾的第二大岛，与内地相分离的独立岛屿，有利于降低博彩业的负面影响。

（2）交通优势。发达的空中航线使海南与内地的西南、中南、东北、华北、西北五大经济区连接起来。2003 年 3 月，国家批准海南省为中国首个对全球开放的第三、四、五航权的试点省份；2004 年，又批准海南开放"中途分程权"，海南成为中国最自由的天空。

（3）政策优势。1988 年 4 月 26 日，海南省正式成立，邓小平同志设定它为第二个"香港"。2010 年 1 月 4 日，国务院出台《国务院关于推进海南国际旅游岛建设发展的若干意见》批准海南探索发展竞猜型体育彩票和大型国际赛事即开型彩票。2010 年 9 月 15 日，国家民政部和海南省人民政府签署《关于共同推进海南民政事业改革发展促进海南国际旅游岛建设发展的合作协议》（简称《协议》）。海南省现有发行的福利彩票均为国家统一发行的传统型福利彩票，包括双色球、3D等福利彩票。

（4）游客基础。来自海内外的游客逐年递增，特别是国家定位海南为旅游岛后，海南游客实现爆发式增长，试点海南，将会吸引更多的游客前往。

2. 劣势

（1）起步晚。海南发展起步晚，基础差，整体的经济社会发展水平仍然较低。

（2）服务水平不高、品牌形象需要改善。海南博彩只有走服务之路，品牌之路才能立足于激烈的国家竞争之中。

（3）法律不健全和人才缺乏。我国彩票业法律法规还存在诸多不足或空白。海南的高等教育水平相对其他省份滞后，没有专门培养民政行政管理人才的院校，更没有竞技类体育彩票的人才培养机构。

3. 机会

（1）成功示范。东南亚各国都在争先恐后地利用博彩业促进旅游业和经济的发展，新加坡就是典范。如果海南适度开放博彩业，国内部分游客将不再舍近求远，近年来，周边诸国和世界范围内博彩业的兴起，分流了我国大量旅游业的客源（游客）。

（2）博彩需求大。中国拥有7000万彩民；俄罗斯、韩国、日本等游客对于海南博彩旅游的热度逐年升高。

4. 威胁

（1）国内外竞争激烈。中国国内及周边的赌博网络已经相对成熟，这张网络包括中国香港特别行政区、中国澳门特别行政区、韩国、朝鲜、俄罗斯、老挝、越南、缅甸、柬埔寨、印度、马来西亚、菲律宾、新加坡、印度尼西亚、印度、澳大利亚甚至欧美[1]。

---

[1] 李林峰、闫静、阳知妹："海南国际旅游岛发展博彩业的 SWOT 分析"，《旅游纵览（行业版）》，2011年6月。

（2）私彩挑战。如前所述，早在2003年海南的私彩销售额已达到每期4000万元，同期的国家体彩最高销售值每期130万元，海南"私彩"最猖獗时年销售达18亿元，而2004年全省国家体福彩销量合计仅有1.79亿元[①]，这足以说明海南公彩受到巨大的挑战和冲击，私彩的泛滥程度。从2005年开始，海南省"私彩"定性为赌博，政府明令禁止的私彩几乎全部转入地下。至今没有权威机构估算私彩销售额到底有多大，据估计，海南私彩在以前黄金时段，每年滚入私彩市场的资金高达18亿元，而现阶段作为被严厉打击对象的私彩，每年的交易额也至少8亿元左右[②]。

（3）传统观念抵制。在海南试探性地发展博彩，一直争议不断，依据我国传统观念，博彩业会带来诸多负面效应，比如引起家庭矛盾，影响社会治安等。

6.4.2.2　海南适度发展博彩业的必要性和可行性分析

1. 海南发展赛马的必要性

简单来讲，海南省适度发展博彩业，特别是发展赛马的必要性体现在以下几个方面。即便在保守的伊斯兰教国家，禁止赌博也允许赛马，符合世界发展潮流的是赛马而非赌博；海南若开放赛马，参照中国香港特别行政区的标准，将80%的押注资金返给彩民，其余收入将作为税款和慈善。相关必要性总结如下图6-1。

---

① 冯百鸣："中国彩票20年总结'私彩'为何屡禁不止"，《中国经济周刊》，2007年9月24日。

② 黄淑瑶："泛滥背后的忧思——从公私彩的比较看海南'私彩'"，《海南师范学院学报》，2006年第5期，第152页。

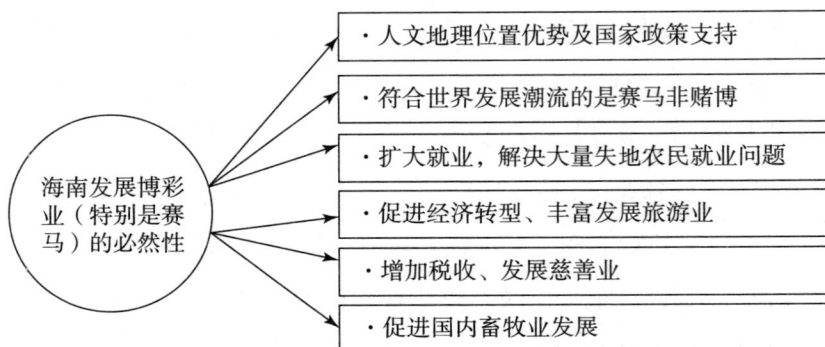

图 6-1　海南省发展博彩业（特别是赛马业）的必然性

2. 海南省发展博彩业（特别是赛马业）的可行性

（1）地理可行性。博彩业发展条件是相对封闭的环境和非常方便的交通。

（2）经济发展政策的可行性。博彩业是环境友好型产业。

（3）立法可行性。海南享有特区立法权，可以充分利用特区立法权先行先试的立法优势，先行制定海南省博彩业法律法规。

关于赛马博彩的立法建议：由政府主导、但进行公司化运作；以政府的公信力保证赛马博彩业的公正和权威；我国可以借鉴日本模式，由中央政府设立赛马机构，该机构负责赛马博彩相关活动。赛马场建设可以由股份制公司承担，围绕赛马将产生吃、住、行、游、购、娱等增值产业链。同时，在制度上实施严厉的惩罚制度，成立仲裁委员会和舞弊控制鉴定组。监督骑师、马匹、投注、派彩等各个环节，尤其是对骑师的舞弊行为，要以严刑峻法给予惩罚。

3. 海南发展博彩业的政策步骤

步骤 1：制定完善的博彩业法规体系（特区先行立法权）。

步骤 2：明确规定博彩业开放的范围、开放程度。

步骤 3：创新博彩业的运行机制，实行国家控股的海南博彩公司，统一发行体育彩票、福利彩票、赛马彩票等。

步骤 4：创新博彩业的监管体制，财政部门由形式监督变成实质监督。

步骤5：加强对博彩资金的管理，率先推出信息披露和社会监督体制。

步骤6：健全各项配套支撑体系，包括基础设施、人才等体系标准。

步骤7：设立公益金计划。规定公益金资助对象和范围。如问题赌徒救助、环境保护、旅游发展、福利事业等。

步骤8：适时实行离岸赌场。

6.4.3 试点武汉：专注赛马及相关产业链建设

武汉曾是中国现代马彩的发源地之一，武汉的赛马发展如下表6-9所示。武汉马彩是目前中国唯一合法的赛马体育彩票。作为试点，它的发展正在证明其必要性和可行性。

表6-9 武汉赛马发展状况

时 间	事 件
1902年	• 英国人开始在汉口兴建西商跑马场。
1907年	• 华人发行的最早的赛马彩票诞生。
1926—1935年	• 三个跑马场同时开赛，汉口赛马一时鼎盛，成为全国"赛马之都"。
1949年	• 赌马被禁，三大马场也相继破败。
2007年	• 2007年，财政部、公安部、国家体育总局、民政部同时来武汉考察，但对于马彩开禁仍然比较谨慎。
2011年	• 历经十余年硬件建设、六年赛事筹备和三年封闭测试，武汉速度赛马公开赛终于获得国家体育总局批准。武汉一直在承办"全国速度赛马公开赛"，已有骑师40多人，教练、马夫等30多人，赛马250多匹。2011年11月29日在武汉东方马城开幕的"第六届中国武汉国际赛马节"，这是新中国成立后，体育彩票首次进入我国国内赛马场。

资料来源：作者整理

赛马将为武汉带来整条赛马产业链，正如上文所述，赛马、马术、体育娱乐、旅游、健身、教育培训、现代畜牧、媒体与知识传播、文化博物等产业将被拉动起来。

武汉的试点跟海南不同的是，海南的博彩业是一个体系建设，而武汉将专注赛马业及其相关产业的研发与实践。鉴于武汉已经先海南一步实行赛马体育彩票，可就此深入发展。

6.4.4 试点横琴：专注与中国澳门形成博彩休闲旅游产业链群

中国澳门赌场带动的博彩旅游的最大问题是：以博彩业为龙头和核心的博彩旅游产业链仍然没有全面形成，由于中国澳门是弹丸之地，对内地的辐射效应也受到局限。博彩业旅游聚集区需要扩展，需要将"澳门—横琴"进行一体化建设。横琴新区是珠海市横琴岛所在区域，是继上海浦东新区、天津滨海新区之后我国批准的第三个国家级新区，（2009 年 8 月 14日，国务院正式批准《横琴总体发展规划》）横琴在珠海市南部，毗邻港澳，横琴总面积 100 多平方公里，相当于三个中国澳门。

建议设立"澳门—横琴一体化世界旅游休闲中心"，其架构设计如下：

1. 产业方面

（1）形成博彩产业群。博彩产业群包括：博彩业、博彩文化创意产业、博彩科技创新产业、博彩人才教育培训业、博彩信息产业、博彩金融业、博彩中介业等。

（2）形成博彩旅游休闲产业群。博彩旅游休闲产业群包括：博彩业、住宿业、餐饮业、交通物流业、娱乐业、休闲产业、商贸业、会展业、高端旅游休闲业、教育培训业等。

（3）形成博彩旅游休闲集聚区、集聚中心。构建澳门（半岛）博彩旅游休闲聚集区、氹仔（含路氹）博彩旅游休闲聚集区、横琴博彩旅游休闲聚集区。

2. 管理方面

（1）设立横跨两地的行政机构。设立澳门—横琴世界旅游休闲中心联合管理机构。

（2）修编总体规划。建议修编《澳门—横琴总体发展规划》。

3.基础设施建设

地铁、道路、海关、填海工程等。

4.政策设计

鼓励相关产业发展，博彩业一体化需要横琴的政策改革空间。

6.5 本章小结

本章研究主要完成以下任务：

第一，运用博弈论，进行"禁赌"与"开赌"的博弈选择，博弈选择的结果表明中国政府应适度发展博彩业。目前面对博彩"全球化"的浪潮，单纯建立彩票市场对于防止赌资外流的作用微乎其微，中国要想留住外出赌客，截住外流赌资，甚至吸纳一部分国外赌资，最有效的博彩工具是赌场，其次是赛马，而彩票作为金融工具的作用相当有限。

第二，以我国彩票业为例进行实证分析，结果发现：一、我国彩票业已经陷入一个悖论，即彩票业没有在富人和穷人之间实现抽肥补瘦的目标，恰恰相反，彩票使穷人提供了本应由富人提供的公共福利；二、我国 GDP 的增长支撑着彩票业的增长，近年来，中西部地区经济增长速度开始超过东部地区，预示着中西部彩票的市场潜力正在形成，发展空间巨大，彩票销售机构竭尽其能的广告宣传和促销，势必会推动中西部地区的彩票收入以更快速度增长，这将加剧彩票业的逆向调控；三、彩票业的营销水平对销售收入起着重要作用，其中，百万大奖的诱惑和无所不在的投注站点构成了销售环节的两个关键因素。这意味着，对彩票业的调控可以从这两个方面着手，如增减大奖个数，调控投注终端机的东、中、西布局。

第三，按照国际经验和渐进、谨慎原则，目前阶段，我国应继续做大彩票，适度发展赛马，继续禁止赌场，主要原因是赌场的社会负效应较大。

　　第四，根据我国继续做大彩票、适度发展赛马、禁止开放赌场的总体布局，在区域的布局上，应该继续发展好中国香港的赛马业和中国澳门的赌场业，把中国香港特别行政区、中国澳门特别行政区因素通盘考虑。同时对每个试点区域进行发展主题定位和政策建议，本书认为，在海南应该形成博彩业渐进发展体系的探索；在武汉应该专注赛马做好做强赛马相关的产业链条；而在横琴应该与中国澳门特别行政区形成优势互补，打造博彩旅游休闲产业群。

第 7 章　结论与探讨

7.1　基本结论

　　本书的研究对象是博彩业———一个颇具争议的行业，研究问题是我国可否开拓发展包括彩票、赛马和赌场在内的博彩业。研究的视角集中在博彩产业的经济、社会效应。论文首先对博彩活动及博彩产品进行解释性研究，然后对博彩产业的正负经济社会影响进行定性定量研究，其次论文对中国澳门特别行政区、中国香港特别行政区、美国拉斯维加斯以及新加坡开赌的经济社会效应进行了对比分析，再次对我国发展博彩业的必要性和可行性进行了论证，最后通过博弈论分析和以彩票为例的计量分析，论证了我国的政策选择，本书结论是：我国应继续做大彩票，适度发展赛马、禁止开放赌场。

　　博彩活动大概是人类活动中历史最悠久的娱乐活动了，为什么以赌为主的博彩活动在不同国家不同历史时期屡禁不止？在经济学意义上彩票、赛马、赌场这些博彩服务产品为何同属博彩业？博彩产业如何定性？博彩产业正负经济社会影响如何度量？我国可否发展博彩产业？本书——解释和回答了这些问题。

1. 为了满足不同时代不同国家人们的娱乐需求，博彩产品应运而生。博彩产品的供给随着社会进步和时代发展，首先是简单、少量、偶尔供给发展到复杂、多样、高科技供给，如今更是商业化、市场化、产业化供给，博彩产品有三种形式，即：彩票、赛马、赌场，而用一定资金购买的投注权、不确定性、竞争性、娱乐性、负面性是三者的共同特征。智力参与程度（技巧性）不同；管控的难易度（安全性）不同；社会影响力不同；动机不同；投机的机制不同，或者说中奖概率不同；分配主导不同构成了三者差异性。

2. 学界对博彩产业的性质有着不同定位，经研究本书认为博彩业属于第三产业中的娱乐服务业。博彩业具有第三次分配功能，即基于道德信念进行收入分配，具有习惯和道德调节效应。

3. 对博彩业经济社会正负效应进行研究发现，博彩业的经济正效应包括：促进财政收入；促进就业；带动关联产业，促进消费；形成乘数效应；促进入口替代（夺回）效应；其经济负效应包括：博彩业的寻租、行业吞噬效应和挤出效应。博彩业的社会正效应包括：为公益慈善做贡献；缩小贫富差距；促进现代生活的休闲化、娱乐化；其社会负效应包括：助长投机心理抑制实体经济、导致违法犯罪和产生问题赌徒或病态赌徒等。通过对彩票、赛马、赌场的负效应对比，本书认为，赌场的社会负效应强于赛马，而赛马则强于彩票。

4. 通过对中国澳门特别行政区、中国香港特别行政区、美国拉斯维加斯和新加坡博彩业的经济社会效应分析，发现博彩业的经济社会正效应在中国澳门特别行政区、中国香港特别行政区、美国拉斯维加斯和新加坡的表现各不相同。比如中国香港的赛马业在促进财政收入中的效应非常明显；中国澳门赌场促进就业的效应非常明显，美国拉斯维加斯赌场在带动关联产业促进消费和形成乘数效应方面非常明显，新加坡赌场的入口替代（夺回）效应非常明显。这些地区克服博彩负效应的成功经验是：制定完备的博彩法律；成立博彩监管机构，严格监管博彩业负面影响；对监管者进行监管等。

5.通过对上述博彩产品、博彩产业的经济社会效应研究发现，世界范围内供不应求的博彩业具有良好的发展前景。在开放经济条件下，我国当前面临周边国家赌场的重重包围，大量赌资外流，地下私彩泛滥的不利局面。"禁赌"与"开赌"的博弈分析表明，"内忧外患"的中国应适度拓展博彩业。

6.通过对我国现有彩票博彩的定量分析，发现我国彩票业的悖论存在，彩票业没有实现其宗旨和理念，我国需要发展彩票以外的博彩产品。

7.通过赛马和赌场经济社会效应的相对性评价，本书认为，目前阶段我国应继续做大彩票，适度发展赛马，禁止开放赌场。并合理进行区域布局：应把中国香港特别行政区、中国澳门特别行政区因素进行通盘考虑；把海南作为博彩业渐进发展体系的综合试点；把武汉发展为专注赛马及相关产业发展的基地；把横琴发展成为互补中国澳门特别行政区的博彩旅游休闲产业基地。

7.2 创新点与不足之处

1. 创新之处

博彩业在我国是一个敏感产业，也是一个朝阳产业，目前学界研究较少，即使为数不多的一些研究，大多也局限于彩票范畴，本书从新的视角拓展了研究范围，除彩票外，还研究了赛马和赌场。本书可能的创新之处有：

（1）内容创新。本书研究了彩票、赛马和赌场三种博彩产品，由于赛马和赌场被我国政府严厉禁止，罕有学者涉足研究，本书把彩票、赛马和赌场对比研究，属于内容创新。

（2）视角创新。截至目前，尚没有人从经济、社会正负效应的角度把三种博彩产品进行全面、系统化的对比衡量，本书开辟的这个研究视角可能会起到引领作用。

（3）方法创新。本书首次构建的博彩产品正负效应的相对性评价指标体系，属于方法创新。

2. 不足之处

欧美国家的有关数据主要来自国外政府和行业协会网站，或者是国外公开的研究报告，中国地区的数据主要来自澳门政府网站、中国香港赛马会以及《中国福利彩票统计年鉴》和历年《中国彩票年鉴》等。由于行业的特殊性，公开获得数据的渠道非常有限，而且数据零散，客观上造成了一些不足：

（1）本书部分数据略显陈旧，无法反映最新状况。

（2）由于数据限制，本书定性分析偏多，定量分析偏少，说服力可能不足。

（3）博彩业经济社会效应的评价是一种模糊判断，准确性不够。

7.3　进一步研究的方向

1. 对博彩产业的理论研究

传统国际贸易理论的特例——传统国际贸易理论都是关于有益产品的，而关于博彩产品这种中性产品的国际贸易理论还没有出现，该问题值得进一步深入研究。

2. 博彩行业的定量化、经济社会效应分析和实证分析

随着社会经济发展和博彩业在中国逐渐发展的实践，博彩业的经济社会效应可以不仅仅局限在这14个维度上探讨，而是可以更好地定量分析；进一步研究的方向还包括，中国的彩票、赛马的适宜规模如何，以及中国在什么样具体的条件下可以开放赌场等一系列问题。

3. 对海南发展博彩业的实践问题

曾有学者提出在我国西部类似拉斯维加斯沙漠之地建立赌场，将赌博的负面影响孤立开，将赌害用戈壁沙漠包围起来。还有学者通过系统分析，建议在我国青岛建立起类似美国新泽西州大西洋城赌场，青岛，北靠京津、南有苏浙沪这些发达地区，发展博彩业有其优越性。对此，本人认为应在海南适度发展博彩业。这一问题值得进一步探讨。

4. 研究领域有待拓展

我国著名经济学家于光远早在1983就提出："我国对体育竞赛是很重视的，但是体育之外的竞赛和游戏研究得很不够。在中国高等院校中没有一门研究游戏的课程，没有一门游戏专业，没有一个研究游戏的学者。这不是什么优点而是弱点。[①]" 30多年过去了，以游戏娱乐为主的博彩业仍旧很少有学者涉足，少量研究也往往散见于社会学、心理学和管理学方面的研究，博彩业的研究尚未引起经济学、教育学等专家学者的足够重视。因此，今后学界需要适当拓展研究领域。

---

① 郭鲁芳:《休闲经济学》，浙江大学出版社，2005年版，第58页。

附　录

附录 1　彩票管理条例

第一章　总　则

第一条　为了加强彩票管理，规范彩票市场发展，维护彩票市场秩序，保护彩票参与者的合法权益，促进社会公益事业发展，制定本条例。

第二条　本条例所称彩票，是指国家为筹集社会公益资金，促进社会公益事业发展而特许发行、依法销售，自然人自愿购买，并按照特定规则获得中奖机会的凭证。

彩票不返还本金、不计付利息。

第三条　国务院特许发行福利彩票、体育彩票。未经国务院特许，禁止发行其他彩票。禁止在中华人民共和国境内发行、销售境外彩票。

第四条　彩票的发行、销售和开奖，应当遵循公开、公平、公正和诚实信用的原则。

第五条　国务院财政部门负责全国的彩票监督管理工作。国务院民政部门、体育行政部门按照各自的职责分别负责全国的福利彩票、体育彩票管理工作。

　　省、自治区、直辖市人民政府财政部门负责本行政区域的彩票监督管理工作。省、自治区、直辖市人民政府民政部门、体育行政部门按照各自的职责分别负责本行政区域的福利彩票、体育彩票管理工作。

　　县级以上各级人民政府公安机关和县级以上工商行政管理机关，在各自的职责范围内，依法查处非法彩票，维护彩票市场秩序。

第二章　彩票发行和销售管理

　　第六条　国务院民政部门、体育行政部门依法设立的福利彩票发行机构、体育彩票发行机构（以下简称彩票发行机构），分别负责全国的福利彩票、体育彩票发行和组织销售工作。

　　省、自治区、直辖市人民政府民政部门、体育行政部门依法设立的福利彩票销售机构、体育彩票销售机构（以下简称彩票销售机构），分别负责本行政区域的福利彩票、体育彩票销售工作。

　　第七条　彩票发行机构申请开设、停止福利彩票、体育彩票的具体品种（以下简称彩票品种）或者申请变更彩票品种审批事项的，应当依照本条例规定的程序报国务院财政部门批准。

　　国务院财政部门应当根据彩票市场健康发展的需要，按照合理规划彩票市场和彩票品种结构、严格控制彩票风险的原则，对彩票发行机构的申请进行审查。

　　第八条　彩票发行机构申请开设彩票品种，应当经国务院民政部门或者国务院体育行政部门审核同意，向国务院财政部门提交下列申请材料：

　　（一）申请书；

　　（二）彩票品种的规则；

　　（三）发行方式、发行范围；

　　（四）市场分析报告及技术可行性分析报告；

（五）开奖、兑奖操作规程；

（六）风险控制方案。

国务院财政部门应当自受理申请之日起 90 个工作日内，通过专家评审、听证会等方式对开设彩票品种听取社会意见，对申请进行审查并作出书面决定。

第九条　彩票发行机构申请变更彩票品种的规则、发行方式、发行范围等审批事项的，应当经国务院民政部门或者国务院体育行政部门审核同意，向国务院财政部门提出申请并提交与变更事项有关的材料。国务院财政部门应当自受理申请之日起 45 个工作日内，对申请进行审查并作出书面决定。

第十条　彩票发行机构申请停止彩票品种的，应当经国务院民政部门或者国务院体育行政部门审核同意，向国务院财政部门提出书面申请并提交与停止彩票品种有关的材料。国务院财政部门应当自受理申请之日起 10 个工作日内，对申请进行审查并作出书面决定。

第十一条　经批准开设、停止彩票品种或者变更彩票品种审批事项的，彩票发行机构应当在开设、变更、停止的 10 个自然日前，将有关信息向社会公告。

第十二条　因维护社会公共利益的需要，在紧急情况下，国务院财政部门可以采取必要措施，决定变更彩票品种审批事项或者停止彩票品种。

第十三条　彩票发行机构、彩票销售机构应当依照政府采购法律、行政法规的规定，采购符合标准的彩票设备和技术服务。

彩票设备和技术服务的标准，由国务院财政部门会同国务院民政部门、体育行政部门依照国家有关标准化法律、行政法规的规定制定。

第十四条　彩票发行机构、彩票销售机构应当建立风险管理体系和可疑资金报告制度，保障彩票发行、销售的安全。

彩票发行机构、彩票销售机构负责彩票销售系统的数据管理、开奖兑奖管理以及彩票资金的归集管理，不得委托他人管理。

第十五条　彩票发行机构、彩票销售机构可以委托单位、个人代理销售彩票。彩票发行机构、彩票销售机构应当与接受委托的彩票代销者签订彩票代销合同。福利彩票、体育彩票的代销合同示范文本分别由国务院民政部门、体育行政部门制定。

彩票代销者不得委托他人代销彩票。

第十六条　彩票销售机构应当为彩票代销者配置彩票投注专用设备。彩票投注专用设备属于彩票销售机构所有，彩票代销者不得转借、出租、出售。

第十七条　彩票销售机构应当在彩票发行机构的指导下，统筹规划彩票销售场所的布局。彩票销售场所应当按照彩票发行机构的统一要求，设置彩票销售标识，张贴警示标语。

第十八条　彩票发行机构、彩票销售机构、彩票代销者不得有下列行为：

（一）进行虚假性、误导性宣传；

（二）以诋毁同业者等手段进行不正当竞争；

（三）向未成年人销售彩票；

（四）以赊销或者信用方式销售彩票。

第十九条　需要销毁彩票的，由彩票发行机构报国务院财政部门批准后，在国务院民政部门或者国务院体育行政部门的监督下销毁。

第二十条　彩票发行机构、彩票销售机构应当及时将彩票发行、销售情况向社会全面公布，接受社会公众的监督。

第三章 彩票开奖和兑奖管理

第二十一条 彩票发行机构、彩票销售机构应当按照批准的彩票品种的规则和开奖操作规程开奖。

国务院民政部门、体育行政部门和省、自治区、直辖市人民政府民政部门、体育行政部门应当加强对彩票开奖活动的监督,确保彩票开奖的公开、公正。

第二十二条 彩票发行机构、彩票销售机构应当确保彩票销售数据的完整、准确和安全。当期彩票销售数据封存后至开奖活动结束前,不得查阅、变更或者删除销售数据。

第二十三条 彩票发行机构、彩票销售机构应当加强对开奖设备的管理,确保开奖设备正常运行,并配置备用开奖设备。

第二十四条 彩票发行机构、彩票销售机构应当在每期彩票销售结束后,及时向社会公布当期彩票的销售情况和开奖结果。

第二十五条 彩票中奖者应当自开奖之日起 60 个自然日内,持中奖彩票到指定的地点兑奖,彩票品种的规则规定需要出示身份证件的,还应当出示本人身份证件。逾期不兑奖的视为弃奖。

禁止使用伪造、变造的彩票兑奖。

第二十六条 彩票发行机构、彩票销售机构、彩票代销者应当按照彩票品种的规则和兑奖操作规程兑奖。

彩票中奖奖金应当以人民币现金或者现金支票形式一次性兑付。

不得向未成年人兑奖。

第二十七条 彩票发行机构、彩票销售机构、彩票代销者以及其他因职务或者业务便利知悉彩票中奖者个人信息的人员,应当对彩票中奖者个人信息予以保密。

第四章 彩票资金管理

第二十八条 彩票资金包括彩票奖金、彩票发行费和彩票公益金。彩票资金构成比例由国务院决定。

彩票品种中彩票资金的具体构成比例,由国务院财政部门按照国务院的决定确定。

随着彩票发行规模的扩大和彩票品种的增加,可以降低彩票发行费比例。

第二十九条 彩票发行机构、彩票销售机构应当按照国务院财政部门的规定开设彩票资金账户,用于核算彩票资金。

第三十条 国务院财政部门和省、自治区、直辖市人民政府财政部门应当建立彩票发行、销售和资金管理信息系统,及时掌握彩票销售和资金流动情况。

第三十一条 彩票奖金用于支付彩票中奖者。彩票单注奖金的最高限额,由国务院财政部门根据彩票市场发展情况决定。

逾期未兑奖的奖金,纳入彩票公益金。

第三十二条 彩票发行费专项用于彩票发行机构、彩票销售机构的业务费用支出以及彩票代销者的销售费用支出。

彩票发行机构、彩票销售机构的业务费实行收支两条线管理,其支出应当符合彩票发行机构、彩票销售机构财务管理制度。

第三十三条 彩票公益金专项用于社会福利、体育等社会公益事业,不用于平衡财政一般预算。

彩票公益金按照政府性基金管理办法纳入预算,实行收支两条线管理。

第三十四条 彩票发行机构、彩票销售机构应当按照国务院财政部门的规定,及时上缴彩票公益金和彩票发行费中的业务费,不得截留或者挪作他用。财政部门应当及时核拨彩票发行机构、彩票销售机构的业务费。

第三十五条 彩票公益金的分配政策，由国务院财政部门会同国务院民政、体育行政等有关部门提出方案，报国务院批准后执行。

第三十六条 彩票发行费、彩票公益金的管理、使用单位，应当依法接受财政部门、审计机关和社会公众的监督。

彩票公益金的管理、使用单位，应当每年向社会公告公益金的使用情况。

第三十七条 国务院财政部门和省、自治区、直辖市人民政府财政部门应当每年向本级人民政府报告上年度彩票公益金的筹集、分配和使用情况，并向社会公告。

第五章　法律责任

第三十八条 违反本条例规定，擅自发行、销售彩票，或者在中华人民共和国境内发行、销售境外彩票构成犯罪的，依法追究刑事责任；尚不构成犯罪的，由公安机关依法给予治安管理处罚；有违法所得的，没收违法所得。

第三十九条 彩票发行机构、彩票销售机构有下列行为之一的，由财政部门责令停业整顿；有违法所得的，没收违法所得，并处违法所得3倍的罚款；对直接负责的主管人员和其他直接责任人员，依法给予处分；构成犯罪的，依法追究刑事责任：

（一）未经批准开设、停止彩票品种或者未经批准变更彩票品种审批事项的；

（二）未按批准的彩票品种的规则、发行方式、发行范围、开奖兑奖操作规程发行、销售彩票或者开奖兑奖的；

（三）将彩票销售系统的数据管理、开奖兑奖管理或者彩票资金的归集管理委托他人管理的；

（四）违反规定查阅、变更、删除彩票销售数据的；

（五）以赊销或者信用方式销售彩票的；

（六）未经批准销毁彩票的；

（七）截留、挪用彩票资金的。

第四十条　彩票发行机构、彩票销售机构有下列行为之一的，由财政部门责令改正；有违法所得的，没收违法所得；对直接负责的主管人员和其他直接责任人员，依法给予处分：

（一）采购不符合标准的彩票设备或者技术服务的；

（二）进行虚假性、误导性宣传的；

（三）以诋毁同业者等手段进行不正当竞争的；

（四）向未成年人销售彩票的；

（五）泄露彩票中奖者个人信息的；

（六）未将逾期未兑奖的奖金纳入彩票公益金的；

（七）未按规定上缴彩票公益金、彩票发行费中的业务费的。

第四十一条　彩票代销者有下列行为之一的，由民政部门、体育行政部门责令改正，处 2000 元以上 1 万元以下罚款；有违法所得的，没收违法所得：

（一）委托他人代销彩票或者转借、出租、出售彩票投注专用设备的；

（二）进行虚假性、误导性宣传的；

（三）以诋毁同业者等手段进行不正当竞争的；

（四）向未成年人销售彩票的；

（五）以赊销或者信用方式销售彩票的。

彩票代销者有前款行为受到处罚的，彩票发行机构、彩票销售机构有权解除彩票代销合同。

第四十二条　伪造、变造彩票或使用伪造、变造的彩票兑奖的，依法给予治安管理处罚；构成犯罪的，依法追究刑事责任。

第四十三条 彩票公益金管理、使用单位违反彩票公益金管理、使用规定的，由财政部门责令限期改正；有违法所得的，没收违法所得；在规定期限内不改正的，没收已使用彩票公益金形成的资产，取消其彩票公益金使用资格。

第四十四条 依照本条例的规定履行彩票管理职责的财政部门、民政部门、体育行政部门的工作人员，在彩票监督管理活动中滥用职权、玩忽职守、徇私舞弊，构成犯罪的，依法追究刑事责任；尚不构成犯罪的，依法给予处分。

第六章　附　则

第四十五条 本条例自 2009 年 7 月 1 日起施行。

附录 2 《彩票管理条例实施细则》

《彩票管理条例实施细则》已经财政部、民政部、国家体育总局部（局）务会议通过，并已经国务院批准，现予公布，自 2012 年 3 月 1 日起施行。

二〇一二年一月十八日

第一章　总　则

第一条 根据《彩票管理条例》（以下简称条例），制定本细则。

第二条 条例第二条所称特定规则，是指经财政部批准的彩票游戏规则。

条例第二条所称凭证，是指证明彩票销售与购买关系成立的专门凭据，应当记载彩票游戏名称，购买数量和金额，数字、符号或者图案，开奖和兑奖等相关信息。

第三条 财政部负责全国的彩票监督管理工作，主要职责是：

（一）制定彩票监督管理制度和政策；

（二）监督管理全国彩票市场以及彩票的发行和销售活动，监督彩票资金的解缴和使用；

（三）会同民政部、国家体育总局等有关部门提出彩票公益金分配政策建议；

（四）审批彩票品种的开设、停止和有关审批事项的变更；

（五）会同民政部、国家体育总局制定彩票设备和技术服务标准；

（六）审批彩票发行机构财务收支计划，监督彩票发行机构财务管理活动；

（七）审批彩票发行机构的彩票销毁方案。

第四条 民政部、国家体育总局按照各自的职责分别负责全国的福利彩票、体育彩票管理工作，主要职责是：

（一）制定全国福利彩票、体育彩票事业的发展规划和管理制度；

（二）设立福利彩票、体育彩票发行机构；

（三）制定民政部门、体育行政部门彩票公益金使用管理办法，指导地方民政部门、体育行政部门彩票公益金的使用和管理；

（四）审核福利彩票、体育彩票品种的开设、停止和有关审批事项的变更；

（五）监督福利彩票、体育彩票发行机构的彩票销毁工作；

（六）制定福利彩票、体育彩票的代销合同示范文本。

第五条 省级财政部门负责本行政区域的彩票监督管理工作，主要职责是：

（一）制定本行政区域的彩票监督管理具体实施办法，审核本行政区域的彩票销售实施方案；

（二）监督管理本行政区域彩票市场以及彩票的销售活动，监督本行政区域彩票资金的解缴和使用；

（三）会同省级民政部门、体育行政部门制定本行政区域的彩票公益金管理办法；

（四）审批彩票销售机构财务收支计划，监督彩票销售机构财务管理活动。

第六条　省级民政部门、体育行政部门按照各自的职责分别负责本行政区域的福利彩票、体育彩票管理工作，主要职责是：

（一）设立本行政区域的福利彩票、体育彩票销售机构；

（二）批准建立本行政区域福利彩票、体育彩票的销售网络；

（三）制定本行政区域民政部门、体育行政部门彩票公益金使用管理办法，指导省以下民政部门、体育行政部门彩票公益金的使用和管理；

（四）监督本行政区域彩票代销者的代销行为。

第七条　条例第五条所称非法彩票，是指违反条例规定以任何方式发行、销售以下形式的彩票：

（一）未经国务院特许，擅自发行、销售福利彩票、体育彩票之外的其他彩票；

（二）在中华人民共和国境内，擅自发行、销售的境外彩票；

（三）未经财政部批准，擅自发行、销售的福利彩票、体育彩票品种和彩票游戏；

（四）未经彩票发行机构、彩票销售机构委托，擅自销售的福利彩票、体育彩票。

县级以上财政部门、民政部门、体育行政部门，以及彩票发行机构、彩票销售机构，应当积极配合公安机关和工商行政管理机关依法查处非法彩票，维护彩票市场秩序。

第二章　彩票发行和销售管理

第八条　福利彩票发行机构、体育彩票发行机构，按照统一发行、统一管理、统一标准的原则，分别负责全国的福利彩票、体育彩票发行和组织销售工作，主要职责是：

（一）制定全国福利彩票、体育彩票发行销售的发展规划、管理制度、工作规范和技术标准等；

（二）建立全国福利彩票、体育彩票的发行销售系统、市场调控机制、激励约束机制和监督管理机制；

（三）组织彩票品种的研发，申请开设、停止彩票品种或者变更彩票品种审批事项，经批准后组织实施；

（四）负责组织管理全国福利彩票、体育彩票的销售系统数据、资金归集结算、设备和技术服务、销售渠道和场所规划、印制和物流、开奖兑奖、彩票销毁；

（五）负责组织管理全国福利彩票、体育彩票的形象建设、彩票代销、营销宣传、业务培训、人才队伍建设等工作。

第九条　福利彩票销售机构、体育彩票销售机构，在福利彩票发行机构、体育彩票发行机构的统一组织下，分别负责本行政区域的福利彩票、体育彩票销售工作，主要职责是：

（一）制定本行政区域福利彩票、体育彩票销售管理办法和工作规范；

（二）向彩票发行机构提出停止彩票品种或者变更彩票品种审批事项的建议；

（三）向同级财政部门提出本行政区域彩票销售实施方案，经审核后组织实施；

（四）负责本行政区域福利彩票、体育彩票销售系统的建设、运营和维护；

（五）负责实施本行政区域福利彩票、体育彩票的销售系统数据管理、资金归集结算、销售渠道和场所规划、物流管理、开奖兑奖；

（六）负责组织实施本行政区域福利彩票、体育彩票的形象建设、彩票代销、营销宣传、业务培训、人才队伍建设等工作。

第十条 各省、自治区、直辖市福利彩票、体育彩票的销售网络，由福利彩票销售机构、体育彩票销售机构提出方案，分别报省级民政部门、体育行政部门批准后建立。

第十一条 条例第七条所称彩票品种，是指按照彩票游戏机理和特征划分的彩票类型，包括乐透型、数字型、竞猜型、传统型、即开型、视频型、基诺型等。

条例第七条所称开设，是指在已发行销售的彩票品种之外，增加新的品种。

条例第七条所称变更，是指在已发行销售的彩票品种之内，对彩票游戏规则、发行方式、发行范围等事项进行调整。

第十二条 彩票发行机构申请开设彩票品种，或者申请变更彩票品种审批事项涉及对技术方案进行重大调整的，应当委托专业检测机构进行技术检测。

第十三条 对彩票发行机构申请开设彩票品种的审查，按照以下程序办理：

（一）彩票发行机构将拟开设彩票品种的申请材料报民政部或者国家体育总局进行审核；

（二）民政部或者国家体育总局审核同意后，彩票发行机构向财政部提交申请材料；

（三）财政部自收到申请材料之日起 10 个工作日之内，对申请材料进行初步审核，并出具受理或者不予受理意见书；

（四）受理申请后，财政部通过专家评审、听证会等方式听取社会意见；

（五）财政部自受理申请之日起 90 个工作日内，根据条例、有关彩票管理的制度规定以及社会意见作出书面决定。

第十四条　彩票发行机构申请变更彩票品种审批事项的，应当向财政部提交下列申请材料：

（一）申请书；

（二）拟变更彩票品种审批事项的具体内容，包括对彩票游戏规则、发行方式、发行范围等的具体调整方案；

（三）对变更彩票品种审批事项的市场分析报告；

（四）财政部要求报送的其他材料。

第十五条　对彩票发行机构申请变更彩票品种审批事项的审查，按照以下程序办理：

（一）彩票发行机构将拟变更彩票品种审批事项的申请材料报民政部或者国家体育总局进行审核；

（二）民政部或者国家体育总局审核同意后，彩票发行机构向财政部提交申请材料；

（三）财政部自收到申请材料之日起 10 个工作日之内，对申请材料进行初步审核，并出具受理或者不予受理意见书；

（四）财政部自受理申请之日起 45 个工作日内，根据条例、有关彩票管理的制度规定作出书面决定。

第十六条　彩票发行机构申请停止彩票品种或者彩票游戏，应当向财政部报送拟停止彩票品种或者彩票游戏上市以来的销售情况、奖池和调节基金余额、停止发行销售的理由等相关材料。

第十七条　对彩票发行机构申请停止彩票品种或者彩票游戏的审查，按照以下程序办理：

（一）彩票发行机构将拟停止彩票品种或者彩票游戏的申请材料报民政部或者国家体育总局进行审核；

（二）民政部或者国家体育总局审核同意后，彩票发行机构向财政部提交申请材料；

（三）财政部自收到申请材料之日起 5 个工作日之内，对申请材料进行初步审核，并出具受理或者不予受理意见书；

（四）财政部自受理申请之日起 10 个工作日内，根据条例、有关彩票管理的制度规定作出书面决定。

第十八条　彩票销售机构认为本行政区域内需要停止彩票品种或者彩票游戏、变更彩票品种审批事项的，经省级财政部门提出意见后可以向彩票发行机构提出书面申请建议。

第十九条　经批准开设彩票品种或者变更彩票品种审批事项的，彩票发行机构、彩票销售机构应当制定销售实施方案，报同级财政部门审核同意后组织上市销售。

第二十条　彩票发行机构、彩票销售机构开展派奖活动，由负责管理彩票游戏奖池的彩票发行机构或者彩票销售机构向同级财政部门提出申请，经批准后组织实施。

第二十一条　条例第十三条所称彩票设备和技术服务，根据彩票发行销售业务的专业性、市场性特点和彩票市场发展需要，分为专用的彩票设备和技术服务与通用的彩票设备和技术服务。

专用的彩票设备和技术服务包括：彩票投注专用设备，彩票开奖设备和服务，彩票发行销售信息技术系统的开发、集成、测试、运营及维护，彩票印制、仓储和运输，彩票营销策划和广告宣传，以及彩票技术和管理咨询等。

通用的彩票设备和技术服务包括：计算机、网络设备、打印机、复印机等通用硬件产品，数据库系统、软件工具等商业软件产品，以及工程建设等。

第二十二条　彩票发行机构、彩票销售机构采购彩票设备和技术服务，依照政府采购法及相关规定，以公开招标作为主要采购方式。经同级财政部门批准，彩票发行机构、彩票销售机构采购专用的彩票设备和技术服务，可以采用邀请招标、竞争性谈判、单一来源采购、询价或者国务院政府采购监督管理部门认定的其他采购方式。

第二十三条　彩票代销者应当具备以下条件：

（一）年满 18 周岁且具有完全民事行为能力的个人，或者具有独立法人资格的单位；

（二）有与从事彩票代销业务相适应的资金；

（三）有满足彩票销售需要的场所；

（四）近五年内无刑事处罚记录和不良商业信用记录；

（五）彩票发行机构、彩票销售机构规定的其他条件。

第二十四条　彩票发行机构、彩票销售机构向社会征召彩票代销者和设置彩票销售场所，应当遵循以下原则：（一）统筹规划，合理布局；（二）公开公正，规范透明；（三）从优选择，兼顾公益。

第二十五条　彩票发行机构、彩票销售机构应当根据民政部、国家体育总局制定的彩票代销合同示范文本，与彩票代销者签订彩票代销合同。彩票代销合同应当包括以下内容：

（一）委托方与受托方的姓名或者名称、住所及法定代表人姓名；

（二）合同订立时间、地点、生效时间和有效期限；

（三）委托方与受托方的权利和义务；

（四）彩票销售场所的设立、迁移、暂停销售、撤销；

（五）彩票投注专用设备的提供与管理；

（六）彩票资金的结算，以及销售费用、押金或者保证金的管理；

（七）不得向未成年人销售彩票和兑奖的约定；

（八）监督和违约责任；

（九）其他内容。

委托方与受托方应当遵守法律法规、规章制度和有关彩票管理政策，严格履行彩票代销合同。

第二十六条　签订彩票代销合同后，彩票发行机构、彩票销售机构应当向彩票代销者发放彩票代销证。福利彩票代销证、体育彩票代销证的格式分别由福利彩票发行机构、体育彩票发行机构制定。

彩票代销证应当置于彩票销售场所的显著位置。

彩票代销证是彩票代销者代理销售彩票的合法资格证明，不得转借、出租、出售。

第二十七条　彩票代销证应当记载以下事项：

（一）彩票代销证编号；

（二）彩票代销者的姓名或者名称、住所及法定代表人姓名；

（三）彩票销售场所地址；

（四）彩票代销证的有效期限；

（五）彩票发行机构规定的其他事项。

第二十八条　彩票发行机构、彩票销售机构应当对从事彩票代销业务的人员进行专业培训。

第二十九条　纸质即开型彩票的废票、尾票，应当定期销毁。

销毁彩票应当采用粉碎、打浆等方式。

第三十条　彩票发行机构申请销毁纸质即开型彩票的废票、尾票的，应当向财政部提出书面申请并提交拟销毁彩票的名称、面值、数量、金额，以及销毁时间、地点、方式等材料。

财政部应当自受理申请之日起 10 个工作日内，对申请进行审查并作出书面决定。

彩票发行机构应当自财政部作出书面决定之日起 30 个工作日内分别在民政部、国家体育总局的监督下销毁彩票，并于销毁后 20 个工作日内向财政部报送销毁情况报告。

第三十一条　彩票发行机构、彩票销售机构、彩票代销者在难以判断彩票购买者或者兑奖者是否为未成年人的情况下，可以要求彩票购买者或者兑奖者出示能够证明其年龄的有效身份证件。

第三十二条　彩票市场实行休市制度。休市期间，停止彩票的销售、开奖和兑奖。休市的彩票品种和具体时间由财政部向社会公告。

第三十三条　彩票发行机构、彩票销售机构应当于每年 5 月 31 日前，向社会公告上年度各彩票品种的销售量、中奖金额、奖池资金余额、调节基金余额等情况。

第三章　彩票开奖和兑奖管理

第三十四条　彩票发行机构、彩票销售机构应当向社会公告彩票游戏的开奖方式、开奖时间、开奖地点。

第三十五条　条例第二十二条所称开奖活动结束，是指彩票游戏的开奖号码全部摇出或者开奖结果全部产生。

通过专用摇奖设备确定开奖号码的，应当在当期彩票销售截止时封存彩票销售原始数据；通过专用电子摇奖设备或者根据体育比赛项目确定开奖号码的，应当定期封存彩票销售原始数据。

彩票销售原始数据保存期限，自封存之日起不得少于 60 个月。

第三十六条 民政部、国家体育总局和省级民政部门、体育行政部门应当制定福利彩票、体育彩票的开奖监督管理办法，加强对彩票开奖活动的监督。

第三十七条 彩票发行机构、彩票销售机构应当统一购置、直接管理开奖设备。

彩票发行机构、彩票销售机构不得将开奖设备转借、出租、出售。

第三十八条 彩票发行机构、彩票销售机构使用专用摇奖设备或者专用电子摇奖设备开奖的，开始摇奖前，应当对摇奖设备进行检测。摇奖设备进入正式摇奖程序后，不得中途暂停或者停止运行。

因设备、设施故障等造成摇奖中断的，已摇出的号码有效。未摇出的剩余号码，应当尽快排除故障后继续摇出；设备、设施故障等无法排除的，应当启用备用摇奖设备、设施继续摇奖。

摇奖活动结束后，彩票发行机构、彩票销售机构负责摇奖的工作人员应当对摇奖结果进行签字确认。签字确认文件保存期限不得少于 60 个月。

第三十九条 根据体育比赛结果进行开奖的彩票游戏，体育比赛裁定的比赛结果经彩票发行机构或者彩票销售机构依据彩票游戏规则确认后，作为开奖结果。

体育比赛因各种原因提前、推迟、中断、取消或者被认定为无效场次的，其开奖和兑奖按照经批准的彩票游戏规则执行。

第四十条 未按照彩票游戏规则和开奖操作规程进行的开奖活动及开奖结果无效。

因自然灾害等不可抗力事件导致不能按期开奖的，应当及时向社会公告后延期开奖；导致开奖中断的，已开出的号码有效，应当及时向社会公告后延期开出剩余号码。

第四十一条　彩票发行机构、彩票销售机构应当及时、准确、完整地向社会公告当期彩票销售和开奖情况，公告内容包括：

（一）彩票游戏名称，开奖日期或者期号；

（二）当期彩票销售金额；

（三）当期彩票开奖结果；

（四）奖池资金余额；

（五）兑奖期限。

第四十二条　彩票售出后出现下列情况的，不予兑奖：

（一）彩票因受损、玷污等原因导致无法正确识别的；

（二）纸质即开型彩票出现兑奖区覆盖层撕刮不开、无兑奖符号、保安区裸露等问题的。

不予兑奖的彩票如果是因印制、运输、仓储、销售原因造成的，彩票发行机构、彩票销售机构应当予以收回，并按彩票购买者意愿退还其购买该彩票所支付的款项或者更换同等金额彩票。

第四十三条　彩票中奖者应当自开奖之日起 60 个自然日内兑奖。最后一天为《全国年节及纪念日放假办法》规定的全体公民放假的节日或者彩票市场休市的，顺延至全体公民放假的节日后或者彩票市场休市结束后的第一个工作日。

第四十四条　彩票中奖奖金不得以人民币以外的其他货币兑付，不得以实物形式兑付，不得分期多次兑付。

第四十五条　彩票发行机构、彩票销售机构、彩票代销者及其工作人员不得违背彩票中奖者本人意愿，以任何理由和方式要求彩票中奖者捐赠中奖奖金。

第四章　彩票资金管理

第四十六条　条例第二十八条所称彩票资金，是指彩票销售实现后取得的资金，包括彩票奖金、彩票发行费、彩票公益金。

条例第二十八条所称彩票资金构成比例，是指彩票奖金、彩票发行费、彩票公益金占彩票资金的比重。

条例第二十八条所称彩票资金的具体构成比例，是指在彩票游戏规则中规定的，按照彩票销售额计提彩票奖金、彩票发行费、彩票公益金的具体比例。

第四十七条　彩票发行机构、彩票销售机构应当开设彩票资金专用账户，包括彩票资金归集结算账户、彩票投注设备押金或者保证金账户。

第四十八条　彩票奖金应当按照彩票游戏规则的规定支付给彩票中奖者。

彩票游戏单注奖金的最高限额，由财政部根据彩票市场发展情况在彩票游戏规则中规定。

第四十九条　彩票发行机构、彩票销售机构应当按照彩票游戏规则的规定设置奖池和调节基金。奖池和调节基金应当按照彩票游戏规则的规定分别核算和使用。

彩票发行机构、彩票销售机构应当设置一般调节基金。彩票游戏经批准停止销售后的奖池和调节基金结余，转入一般调节基金。

第五十条　经同级财政部门审核批准后，彩票发行机构、彩票销售机构开展彩票游戏派奖活动所需资金，可以从该彩票游戏的调节基金或者一般调节基金中支出。

不得使用奖池资金、业务费开展派奖活动。

第五十一条　条例第三十二条所称业务费，是指彩票发行机构、彩票销售机构按照彩票销售额一定比例提取的，专项用于彩票发行销售活动的经费。

第五十二条　彩票发行机构、彩票销售机构的业务费提取比例，由彩票发行机构、彩票销售机构根据彩票市场发展需要提出方案，报同级民政部门或者体育行政部门商同级财政部门核定后执行。

第五十三条　彩票发行机构、彩票销售机构的业务费由彩票发行机构、彩票销售机构按月缴入中央财政专户和省级财政专户，实行收支两条线管理。

彩票代销者的销售费用，由彩票发行机构、彩票销售机构与彩票代销者按照彩票代销合同的约定进行结算。

第五十四条　彩票发行机构、彩票销售机构应当根据彩票市场发展情况和发行销售业务需要，编制年度财务收支计划，报同级财政部门审核批准后执行。

财政部和省级财政部门应当按照国家有关规定审核批准彩票发行机构、彩票销售机构的年度财务收支计划，并根据其业务开支需要和业务费缴纳情况及时拨付资金。

未拨付的彩票发行机构、彩票销售机构的业务费，用于弥补彩票发行机构、彩票销售机构的收支差额，不得用于平衡财政一般预算或者其他支出。

第五十五条　彩票销售机构的业务费实行省级集中统一管理，由福利彩票销售机构、体育彩票销售机构按照省级财政部门审核批准的年度财务收支计划，分别统筹安排用于本行政区域内福利彩票、体育彩票的销售工作。

第五十六条　彩票发行机构、彩票销售机构应当在业务费中提取彩票发行销售风险基金、彩票兑奖周转金。

彩票发行销售风险基金专项用于因彩票市场变化或者不可抗力事件等造成的彩票发行销售损失支出。彩票兑奖周转金专项用于向彩票中奖者兑付奖金的周转支出。

第五十七条　彩票公益金按照政府性基金管理办法纳入预算，实行收支两条线管理，专项用于社会福利、体育等社会公益事业，结余结转下年继续使用，不得用于平衡财政一般预算。

第五十八条　彩票公益金按照国务院批准的分配政策在中央与地方之间分配，由彩票销售机构分别上缴中央财政和省级财政。

上缴中央财政的彩票公益金，由财政部驻各省、自治区、直辖市财政监察专员办事处就地征收；上缴省级财政的彩票公益金，由省级财政部门负责征收。

第五十九条　逾期未兑奖的奖金纳入彩票公益金，由彩票销售机构结算归集后上缴省级财政，全部留归地方使用。

第六十条　中央和省级彩票公益金的管理、使用单位，应当会同同级财政部门制定彩票公益金资助项目实施管理办法。

彩票公益金的管理、使用单位，应当及时向社会进行公告或者发布消息，依法接受财政部门、审计部门和社会公众的监督。

彩票公益金资助的基本建设设施、设备或者社会公益活动，应当以显著方式标明彩票公益金资助标识。

第六十一条　财政部应当每年向社会公告上年度全国彩票公益金的筹集、分配和使用情况。省级财政部门应当每年向社会公告上年度本行政区域彩票公益金的筹集、分配和使用情况。

中央和地方各级彩票公益金的管理、使用单位，应当每年向社会公告上年度彩票公益金的使用规模、资助项目和执行情况等。

第五章　法律责任

第六十二条　彩票发行机构、彩票销售机构有下列行为之一的，由财政部门责令改正；对直接负责的主管人员和其他直接责任人员，建议所在单位或者主管部门给予相应的处分：

（一）违反彩票销售原始数据、彩票开奖设备管理规定的；

（二）违反彩票发行销售风险基金、彩票兑奖周转金或者彩票游戏的奖池资金、调节基金以及一般调节基金管理规定的；

（三）未按批准的销毁方式、期限销毁彩票的；

（四）未按规定向社会公告相关信息的；

（五）使用奖池资金、业务费开展派奖活动的；

（六）未以人民币现金或者现金支票形式一次性兑奖的。

第六十三条　彩票代销者有下列行为之一的，由民政部门、体育行政部门责令改正；情节严重的，责成彩票发行机构、彩票销售机构解除彩票代销合同：

（一）转借、出租、出售彩票代销证的；

（二）未以人民币现金或者现金支票形式一次性兑奖的。

第六章　附　则

第六十四条　本细则自 2012 年 3 月 1 日起施行。

附录 3　《彩票发行销售管理办法》

2012 年 12 月 28 日，财政部以财综〔2012〕102 号印发《彩票发行销售管理办法》。该《办法》分总则、彩票发行与销售管理、彩票品种管理、彩票设施设备和技术服务、彩票奖金管理、报告公告与监督检查、附则 7

章 59 条，自 2013 年 1 月 1 日起施行。

财政部关于印发《彩票发行销售管理办法》的通知

财综〔2012〕102 号

中国福利彩票发行管理中心，国家体育总局体育彩票管理中心，各省、自治区、直辖市财政厅（局）：

根据《彩票管理条例》（国务院令第 554 号）、《彩票管理条例实施细则》（财政部 民政部 国家体育总局令第 67 号）的有关规定，财政部修订了《彩票发行销售管理办法》，请遵照执行。

财政部

2012 年 12 月 28 日

《彩票发行销售管理办法》

第一章 总 则

第一条 为加强彩票管理，规范彩票发行销售行为，保护彩票参与者的合法权益，促进彩票事业健康发展，根据《彩票管理条例》（以下简称《条例》）、《彩票管理条例实施细则》（以下简称《实施细则》）的相关规定，制定本办法。

第二条 彩票发行机构按照统一发行、统一管理、统一标准的原则，负责全国的彩票发行和组织销售工作。

彩票销售机构在彩票发行机构的统一组织下，负责本行政区域的彩票销售工作。

第三条 发行销售彩票应当遵循公开、公平、公正和诚实信用、自愿购买的原则。不得采取摊派或者变相摊派等手段销售彩票，不得溢价或者折价销售彩票，不得以赊销或者信用方式销售彩票，不得向未成年人销售彩票和兑奖。

第二章　发行与销售

第四条　彩票发行机构开设彩票品种、变更彩票品种审批事项、停止彩票品种或者彩票游戏，应当按照《条例》、《实施细则》的规定，报民政部或者国家体育总局审核同意后向财政部提出申请，经财政部审查批准后组织实施。

第五条　《条例》第八条所称发行方式，是指发行销售彩票所采用的形式和手段，包括实体店销售、电话销售、互联网销售、自助终端销售等。

《条例》第八条所称发行范围，是指发行销售彩票所覆盖的区域，以省级行政区域为单位，分为全国区域、两个或者两个以上省级行政区域、省级行政区域。

第六条　《实施细则》第十二条所称专业检测机构，是指经批准成立或者设立，国家有关部门认定并取得相关资质证明，从事计算机系统和软件的测试、检测或者评测，具有独立法人资格的单位。

第七条　《实施细则》第十二条所称变更彩票品种审批事项涉及对技术方案进行重大调整，包括以下情形：

（一）在彩票发行销售系统中增加新的彩票游戏；

（二）增加或者减少彩票游戏的奖级；

（三）调整彩票游戏的开奖方式；

（四）增加新的彩票发行方式；

（五）其他变更彩票品种审批事项涉及对技术方案进行的重大调整。

第八条　开设的彩票品种、变更审批事项的彩票品种上市销售前，彩票发行机构或者彩票销售机构应当将销售实施方案报同级财政部门核准。销售实施方案应当包括拟上市销售日期、营销宣传计划、风险控制办法等内容。

第九条 彩票发行范围为全国区域的，销售实施方案由彩票发行机构报财政部核准。彩票发行范围为两个或者两个以上省级行政区域的，销售实施方案由负责管理彩票游戏奖池、数据汇总等工作的彩票发行机构或者彩票销售机构报同级财政部门核准，其他参与销售的彩票销售机构应当将核准的销售实施方案报同级财政部门备案。彩票发行范围为省级行政区域的，销售实施方案由彩票销售机构报同级财政部门核准。

第十条 经批准开设的彩票品种，彩票发行机构、彩票销售机构应当自批准之日起6个月内上市销售。经批准变更审批事项的彩票品种，彩票发行机构、彩票销售机构应当自批准之日起4个月内变更后上市销售。

开设的彩票品种、变更审批事项的彩票品种上市销售未满6个月的，原则上不得变更或者停止。

第十一条 财政部应当按照合理规划彩票市场和彩票品种结构、严格控制彩票风险的原则，综合考虑彩票销售量、奖池资金结余、调节基金结余以及彩票发行销售费用等情况，对彩票发行机构停止彩票品种或者彩票游戏的申请进行审查。

经批准停止的彩票品种或者彩票游戏，彩票发行机构、彩票销售机构应当自批准之日起2个月内向社会发布公告。自公告之日起满60个自然日后，彩票发行机构、彩票销售机构可以停止销售。

第十二条 彩票发行机构、彩票销售机构应当按照《条例》、《实施细则》等彩票管理规定，以及彩票代销合同示范文本的要求，与彩票代销者签订彩票代销合同。彩票代销者应当按照彩票代销合同的约定代理销售彩票，不得委托他人代销彩票。

第十三条 彩票销售机构、彩票代销者应当按照彩票发行机构的统一要求，建设彩票销售场所，设置彩票销售标识，张贴警示标语，突出彩票的公益性。

彩票发行机构、彩票销售机构应当根据不同彩票品种的特性，制定相应的彩票销售场所设置标准和管理规范。

第十四条　彩票发行机构、彩票销售机构可以利用业务费、经营收入等资金购买商品或者服务开展促销活动，回馈符合一定条件的彩票购买者或者彩票代销者。开展彩票促销活动所需经费，由彩票发行机构、彩票销售机构在财务收支计划中提出申请，经同级财政部门审核批准后安排支出。

第十五条　《实施细则》第二十条所称派奖，是指通过彩票游戏的调节基金或者一般调节基金设立特别奖，对符合特定规则的彩票中奖者增加中奖金额。

第十六条　彩票发行机构、彩票销售机构开展派奖活动，应当符合以下规定：

（一）销售周期长于1天（含1天）的彩票游戏，每年开展派奖活动不得超过一次，派奖资金安排不得超过40期；

（二）销售周期短于1天（不含1天）的彩票游戏，每年开展派奖活动不得超过两次，每次派奖资金安排不得超过5天；

（三）派奖资金仅限彩票游戏的调节基金或者一般调节基金，不得使用奖池资金、业务费开展派奖活动。

（四）单注彩票的派奖金额，不得超过彩票游戏规则规定的相应奖级的设奖金额或者封顶限额。

（五）派奖活动的最后一期派奖奖金有结余的，顺延至派奖奖金用完为止。派奖活动尚未到期，但彩票游戏的调节基金和一般调节基金已用完的，应当停止派奖。

第十七条　彩票发行机构、彩票销售机构开展派奖活动，应当由负责管理彩票游戏奖池的彩票发行机构或者彩票销售机构向同级财政部门提出申请，经审核批准后组织实施。

派奖申请材料应当包括开展派奖活动的必要性分析、派奖方案、派奖预计总金额、派奖资金来源等内容。

第十八条　对符合规定的派奖申请，财政部门应当自收到申请材料之日起 20 个工作日之内，向彩票发行机构或者彩票销售机构批复派奖方案。派奖方案应当包括派奖起止期、派奖规则、单期派奖金额或者派奖总金额，以及派奖活动的最后一期派奖奖金有结余或者派奖活动尚未到期但彩票游戏的调节基金和一般调节基金已用完的处理等内容。

省级财政部门审核批复彩票销售机构的派奖方案，应当由省级财政部门、彩票销售机构分别报财政部、彩票发行机构备案。

第十九条　彩票发行机构、彩票销售机构应当在派奖开始 5 个自然日前，向社会公告派奖方案，并在公告中注明财政部门的批准文件名称及文号。

第二十条　在兑奖有效期内，彩票中奖者提出兑奖要求，经验证确认后，彩票发行机构、彩票销售机构或者彩票代销者应当及时兑付，不得拖延。

第三章　彩票品种管理

第二十一条　彩票品种包括传统型、即开型、乐透型、数字型、竞猜型、视频型、基诺型等。

传统型、即开型彩票的游戏规则包括名称、面值、玩法规则和奖级构成表等内容。乐透型、数字型、竞猜型、视频型、基诺型彩票的游戏规则包括总则、投注、设奖、开奖、中奖、兑奖、附则等内容，名称为"中国福利（体育）彩票×××游戏规则"。

第二十二条　彩票可以实行固定设奖或者浮动设奖。

固定设奖的，所有奖级的设奖金额均为固定金额。浮动设奖的，低奖级的设奖金额为固定金额，高奖级的设奖金额需要根据计提奖金、低奖级中奖总额和高奖级中奖注数等因素计算确定。

第二十三条　传统型、即开型彩票由彩票发行机构根据彩票市场需要统一印制。彩票发行机构应当制定传统型、即开型彩票的版式、规格、制作形式、防伪、包装等印制标准和管理规范。

第二十四条　传统型、即开型彩票的使用期限为自印制完成之日起60个月，使用期限到期后，应当停止销售。严禁销售超过使用期限的传统型、即开型彩票。

使用期限到期前的60个自然日内，彩票发行机构应当向社会公告该批次彩票的停止销售日期，停止销售的日期为使用期限到期的日期。尚未到期但需要停止销售的，彩票发行机构应当至少提前60个自然日向社会公告该批次彩票的停止销售日期。

第二十五条　传统型、即开型彩票应当实行出入库登记制度，建立库存彩票实物明细账（台账）。出入库记录单的保存期限不得少于60个月。

彩票发行机构、彩票销售机构应当定期盘点库存彩票实物，将库存彩票实物与库存明细账（台账）及财务账进行核对，确保账物相符。

第二十六条　传统型、即开型彩票应当采用铁路、公路等方式运输，实行专人负责，确保安全。

第二十七条　传统型、即开型彩票的废票、尾票以及超过使用期限的彩票，应当按照《实施细则》第二十九条、第三十条的规定销毁。

实施销毁前，负责销毁彩票和负责监督销毁的工作人员，应当将经批准销毁彩票的名称、面值、数量、金额与现场待销毁彩票实物进行核对，清点零张票，抽点整本票。核对无误后，出具销毁确认单并签字、盖章。核对中发现问题的，应当立即停止销毁工作，查明原因并处置后再行销毁。

第二十八条　传统型彩票的中奖者，应当自开奖之日起60个自然日内兑奖。即开型彩票的中奖者，可以自购买之时起兑奖，兑奖的截止日期为该批彩票停止销售之日起的第60个自然日。逾期不兑奖的视为弃奖。最后一天为全体公民放假的节日或者彩票市场休市的，按照《实施细则》第四十三条的规定执行。

第二十九条　乐透型、数字型、竞猜型、基诺型彩票应当符合以下规定：

（一）单张彩票的投注注数不得超过 10000 注；

（二）设置多倍投注的，每注彩票的投注倍数不得超过 100 倍；

（三）实行浮动设奖的，奖池资金仅限用于高奖级；

（四）实行固定设奖的，应当设置投注号码或者投注选项的限制注数。

第三十条 视频型彩票应当符合以下规定：

（一）单次投注的总金额不得超过 10 元；

（二）专用投注卡单日充值金额实行额度控制；

（三）销售厅经营时间实行时段控制。

第三十一条 基诺型彩票和销售周期短于 1 天（不含 1 天）的乐透型、数字型彩票，应当通过专用电子摇奖设备确定开奖号码。

销售周期长于 1 天（含 1 天）的乐透型、数字型彩票，通过专用摇奖设备确定开奖号码。在摇奖前，摇奖号码球及摇奖器具必须进行检查。摇奖应当全程录像，录像保存期限不得少于 36 个月。摇奖结束后，摇奖号码球应当封存保管。

体育比赛裁定的比赛结果经彩票机构依据彩票游戏规则确认后，作为竞猜型彩票的开奖结果。体育比赛因各种原因提前、推迟、中断、取消或者被认定为无效场次的，按照彩票游戏规则的规定确定开奖结果。

第三十二条 基诺型彩票和销售周期短于 1 天（不含 1 天）的乐透型、数字型、竞猜型彩票，应当在每期销售截止时刻自动封存彩票销售原始数据，并按日将彩票销售原始数据刻录在不可改写的储存介质上。开奖检索由彩票发行销售系统根据开奖号码或者开奖结果自动完成。

第三十三条 销售周期长于 1 天（含 1 天）的乐透型、数字型、竞猜型彩票，应当在每期销售截止时封存彩票销售原始数据，并将当期彩票销售原始数据刻录在不可改写的储存介质上。开奖检索应当在封存的彩票销售原始数据中和刻录的备份储存介质中同步进行，检索结果一致后方可制作开奖公告。

第四章　设备和技术服务

第三十四条　彩票发行机构、彩票销售机构应当按照国家有关标准，组织建设彩票发行销售系统专用机房和灾备机房。专用机房和灾备机房应当配置彩票发行销售系统双机备份服务器、机房专用空调、不间断电源、发电机、消防设施设备等。彩票发行机构、彩票销售机构应当制定完备的机房管理制度、工作日志制度和应急处置预案。

第三十五条　彩票发行机构、彩票销售机构应当建立彩票发行销售系统，并负责组织管理彩票发行销售系统的开发、集成、测试、维护及运营操作。彩票发行销售系统应当具备完善的数据备份、数据恢复、防病毒、防入侵等安全措施，确保系统安全运行。

第三十六条　彩票发行机构、彩票销售机构应当对彩票发行销售系统的开发、集成、测试、维护及运营操作等岗位人员实行分离管理，确保安全操作。

彩票发行销售系统的运营操作应当由彩票发行机构、彩票销售机构的专业技术人员直接负责，彩票发行销售系统的开发、集成、测试和维护人员，不得以任何方式参与运营操作。

第三十七条　彩票发行机构、彩票销售机构应当建设专门的彩票开奖场所和兑奖服务场所，制定彩票开奖操作规程和兑奖服务流程，统一购置、直接管理彩票开奖设备。开奖场所和兑奖服务场所应当具备完善的安保措施和突发事件应急处置预案。

第三十八条　彩票销售机构应当为彩票代销者配置彩票投注专用设备。彩票投注专用设备属于彩票销售机构所有，彩票代销者不得转借、出租、出售。

彩票代销者应当按照彩票代销合同的约定，向彩票销售机构交纳彩票投注专用设备押金或者保证金。

第三十九条　传统型、即开型彩票应当使用专用仓库储存。储存专用仓库应当配备专人管理，具备防火、防水、防盗、防潮、防虫等安全功能，不得存放与彩票业务无关的物品。

第四十条　彩票发行机构、彩票销售机构应当设立服务热线，负责受理社会公众的咨询、投诉等。

第四十一条　彩票发行机构、彩票销售机构应当定期对彩票销售数据管理专用机房和灾备机房、彩票发行销售系统、彩票开奖场所和兑奖服务场所、彩票开奖设备、彩票存储专用仓库等设施设备进行检查、检修和维护。

第五章　彩票奖金管理

第四十二条　彩票奖金是指彩票发行机构、彩票销售机构按照彩票游戏规则确定的比例从彩票销售额中提取，用于支付彩票中奖者的资金。

彩票游戏设置调节基金的，彩票奖金包括当期返奖奖金和调节基金。当期返奖奖金应当按照彩票游戏规则规定的比例在当期全额计提。调节基金包括按照彩票销售额的一定比例提取的资金、逾期未退票的票款和浮动奖取整后的余额，应当专项用于支付各种不可预见的奖金风险支出和开展派奖。调节基金的提取比例根据不同彩票游戏的特征和彩票市场发展需要确定，并在彩票游戏规则中规定，提取比例最高不得超过彩票销售额的2%。

彩票游戏未设置调节基金的，彩票奖金应当按照彩票游戏规则规定的比例在当期全额计提。

第四十三条　彩票游戏设置奖池的，奖池用于归集彩票游戏计提奖金与实际中出奖金的资金余额。彩票游戏的奖池资金达到一定额度后，超过部分可以转入该彩票游戏的调节基金，具体额度在彩票游戏规则中规定。

固定设奖的彩票游戏，当期计提奖金超过当期实际中出奖金时，余额进入奖池；当期计提奖金小于当期实际中出奖金时，差额先由奖池资金支付。

浮动设奖的彩票游戏，当期计提奖金扣除当期实际中出奖金后的余额进入奖池；奖池资金只用于支付以后各期彩票高奖级的奖金，不得挪作他用。

第四十四条　首次上市销售的彩票游戏，可以安排一定额度的业务费注入奖池作为奖池资金。具体金额由彩票发行机构或者彩票销售机构在上市销售前提出申请，报同级财政部门审核批准。上市销售后，彩票发行机构或者彩票销售机构不得用业务费向奖池注入资金，不得设置奖池保底奖金。

第四十五条　彩票游戏的当期计提奖金、调节基金、奖池资金，应当按照彩票游戏规则的规定核算和使用。

第四十六条　彩票奖金实行单注奖金上限封顶。彩票游戏的封顶金额，由财政部根据彩票市场发展情况、彩票游戏机理和特征、具体彩票游戏的奖组规模等因素设置，并在彩票游戏规则中规定。彩票游戏的封顶金额按不高于 500 万元设置。其中，即开型彩票的封顶金额按不高于 100 万元设置。

第四十七条　停止销售的彩票游戏兑奖期结束后，奖池资金和调节基金有结余的，转为一般调节基金，用于不可预见情况下的奖金风险支出或者开展派奖；奖池资金和调节基金的余额为负数的，从彩票发行销售风险基金列支。

第四十八条　彩票游戏的当期计提奖金、奖池资金不足以兑付彩票中奖者奖金时，先由该彩票游戏的调节基金弥补，不足部分从彩票兑奖周转金中垫支。当该彩票游戏的调节基金出现余额后，应当及时从调节基金将垫支资金调回至彩票兑奖周转金。

第四十九条　单注奖金在 1 万元以上（不含 1 万元）的彩票兑奖后，应当保留中奖彩票或者投注记录凭证的原件、彩票中奖者的有效身份证件复印件，并编制奖金兑付登记表，汇总装订成册，存档备查。其中，单注奖金在 100 万元及以上的彩票兑奖后，应当将中奖彩票或者投注记录凭证的原件和奖金兑付登记表作为原始凭证，按照会计档案管理制度规定的期限进行保管。

第六章　公告与监督

第五十条　彩票发行机构、彩票销售机构应当建立健全彩票发行销售的报告制度。彩票发行机构、彩票销售机构应当于每年 1 月 31 日前，向同级财政部门报送上年度彩票发行销售情况。

彩票发行销售过程中出现的新情况或者重要事件，彩票发行机构、彩票销售机构应当及时向同级财政部门报告。

第五十一条　经批准开设的彩票品种、变更审批事项的彩票品种上市销售前，彩票发行机构、彩票销售机构应当向社会发布公告。公告内容包括财政部批准文件的名称及文号、同级财政部门核准文件的名称及文号、上市销售的日期、财政部批准的彩票游戏规则等。上市销售满 1 个月后，彩票发行机构、彩票销售机构应当向同级财政部门提交上市销售情况的书面报告。

第五十二条　经批准的彩票品种或者彩票游戏停止销售前，彩票发行机构、彩票销售机构应当向社会发布公告。公告内容包括财政部的批准文件名称及文号、停止销售日期、兑奖截止日期等。

兑奖期结束后，彩票发行机构、彩票销售机构应当在 60 个自然日内向同级财政部门提交书面报告，报告内容包括彩票销售、彩票奖金提取与兑付、奖池资金和调节基金结余与划转等情况。

第五十三条　彩票发行机构、彩票销售机构应当参照所在地人民政府的工作时间规定，确定兑奖时间和办法，并向社会公告。

第五十四条　彩票发行机构、彩票销售机构在彩票销售中遇有重大风险和重大安全事件，应当按照相关管理制度和应急处置预案妥善处理并及时报告。

第五十五条　财政部门可以根据工作需要对彩票发行机构、彩票销售机构的彩票发行销售行为进行监督检查，彩票发行机构、彩票销售机构应当积极配合。

第五十六条　经批准开设的彩票品种或者经批准变更审批事项的彩票品种逾期未上市销售的，自到期之日起，已作出的批复文件自动终止。已列入财务收支计划的相关项目支出，应当在本年度或者下一年度予以扣除、扣减。

第五十七条　彩票发行机构、彩票销售机构对外发布信息、进行市场宣传时，应当遵守国家有关法律、法规和制度规定，不得含有虚假性、误导性内容，不得鼓动投机，不得隐含对同业者的排他性、诋毁性内容。

第七章　附　则

第五十八条　彩票发行机构、彩票销售机构应当根据《条例》、《实施细则》及本办法的规定，结合彩票发行销售工作实际制定具体的管理规范、操作规程，并报同级财政部门备案。

第五十九条　本办法自 2013 年 1 月 1 日起施行。财政部 2002 年 3 月 1 日发布的《彩票发行与销售管理暂行规定》、2003 年 11 月 13 日发布的《即开型彩票发行与销售管理暂行规定》同时废止。

参考文献

一、中文文献

1. 北京大学中国公益彩票事业研究所、澳门理工学院、澳门旅游学院和澳门旅游博彩技术培训中心，《2007 年博彩产业与公益事业国际学术研讨会论文集》，2007。

2. 北京大学中国公益彩票事业研究所、澳门理工学院、澳门旅游学院和澳门旅游博彩技术培训中心，《2008 年公益事业与彩票产业国际学术研讨会论文集》，2008。

3. 北京大学中国公益彩票事业研究所、澳门理工学院、澳门旅游学院和澳门旅游博彩技术培训中心，《2009 年博彩产业与公益事业国际学术研讨会论文集》，2009。

4. 北京大学中国公益彩票事业研究所、澳门理工学院、澳门旅游学院和澳门旅游博彩技术培训中心，《2010 年博彩产业与公益事业国际学术研讨会论文集》，2010。

5. 中国彩票年鉴编辑委员会，《中国彩票年鉴 2002》，中国财政经济出版社，2002。

6. 中国彩票年鉴编辑委员会，《中国彩票年鉴 2003》，中国财政经济出版社，2003。

7. 中国彩票年鉴编辑委员会，《中国彩票年鉴 2004》，中国财政经济出版社，2004。

8. 中国彩票年鉴编辑委员会，《中国彩票年鉴 2005》，中国财政经济出版社，2005。

9. 中国彩票年鉴编辑委员会，《中国彩票年鉴 2006》，中国财政经济出版社，2006。

10. 中国彩票年鉴编辑委员会，《中国彩票年鉴 2007》，中国财政经济出版社，2007。

11. 中国彩票年鉴编辑委员会，《中国彩票年鉴 2008》，中国财政经济出版社，2008。

12. 中国彩票年鉴编辑委员会，《中国彩票年鉴 2009》，中国财政经济出版社，2009。

13. 中国彩票年鉴编辑委员会，《中国彩票年鉴 2010》，中国财政经济出版社，2010。

14. 中国彩票年鉴编辑委员会，《中国彩票年鉴 2011》，中国财政经济出版社，2011。

15. 中国福利彩票发行管理中心，《中国福利彩票》，2009 年 1—12 期。

16. 白二宴、白春明，《彩票潮》，太原，山西经济出版社，2001。

17. 彩天使编辑部编著，《彩票背后的故事》，北京，中国市场出版社，2004。

18. 陈传书，《国外彩票概要》，北京，中国社会出版社，2003。

19. 陈群林，《福利彩票》，北京，中国社会出版社，1998。

20. 程大中，《国际服务贸易》，北京，高等教育出版社，2009。

21. 丁峰、王薛红，《彩票管理条例释义及实用指南》，北京，中国法制出版社，2009。

22. 范琦，《福利彩票收入的经济分析：财政学视角》，北京，中国财政经济出版社，2009。

23. 郭健青，《过渡期的澳门财政与博彩税》，厦门，厦门大学出版社，2002。

24. 黄少军，《服务业与经济增长》，北京，经济科学出版社，2000。

25. 黄平，《挑战博彩：澳门博彩业开放及其影响》，北京，社会科学文献出版，2008。

26. 韩玉军，《国际服务贸易理论与中国服务贸易自由化秩序》，北京，中国出版集团，现代教育出版社，2007。

27. 蒋俊锋，《中国彩票市场发展研究》，北京，中国财政经济出版社，2009。

28. 李友志、易继元、欧阳煌，《现代彩票》，北京，人民出版社，2001。

29. 李晓荣编著，《中国福利彩票全书》，北京，当代中国出版社，2002。

30. 李相，《彩票揭秘》，北京，经济管理出版社，2001。

31. 李海，《体育博彩概论》，上海，复旦大学出版社，2004。

32. 李江帆，《第三产业经济学》，广州，广州人民出版社，1990。

33. 赖存理，《博彩历史解读与政府管制》，北京，中国商务出版社，2008。

34. 刘志彪，《现代产业经济学》，北京，高等教育出版社，2003。

35. 刘志彪、安同良，《现代产业经济分析》，南京，南京大学出版社，2009。

36. 刘伯龙、郝雨凡、何伟雄，《澳门经济多元化》，北京，社会科学文献出版社，2009。

37. 梁亚荣、刘云亮，《海南岛屿经济法律规制研究》，北京，法律出版社，2009。

38. 王五一，《世界赌博爆炸与中国的经济利益》，北京，经济科学出版社，2005。

39. 王五一，《博彩经济学》，北京，人民出版社，2011。

40. 王薜红，《博彩业发展与中国政府政策选择》，北京，中国财政经济出版社，2008。

41. 王桂胜，《福利经济学》，北京，中国劳动社会保障出版社，2007。

42. 严峰、韩玉芬，《彩票指南》，北京，中国人民大学出版社，1993。

43. 杨允中，《澳门人文社会科学研究文选》，北京，社会科学文献出版社，2009。

44. 朱玲，《体育博彩论》，成都，四川科学技术出版社，2008。

45. 朱彤、周耀东、许力攀，《我国彩票市场结构与政府监管体制改革研究》，北京，中国商业出版社，2005。

46. 曾忠禄，《全球赌场扫描现状与趋势》，北京，中国经济出版社，2010。

47. 曾为民，《地下六合彩揭秘》，北京，民族出版社，2004。

48. 张湛彬，《博彩业与政府选择》，北京，中国商业出版社，2001。

49. 张亚维，《博彩行为——一个理论框架及中国实证分析》，北京，中国经济科学出版社，2006。

50. 张健仁，《第三产业经济学》，北京，中国人民大学出版社，1998。

51. 张建明，《我国彩票市场分析与管理研究》，北京，北京理工大学出版社，2012。

52. 【英】庇古，《福利经济学》，北京，华夏出版社，2007。

53. 白彩梅、王树明、马文飞，"基于行为经济学视角下的体育彩票消费者的认知偏差研究"，《南京体育学院学报（社会科学版）》，2010 年 3 月。

54. 李刚，"彩票人均销量的决定因素和我国彩票市场发展趋势的预测"，《体育科学》，2006（12）。

55. 陈华，"广州市足球彩票市场现状与影响因素的研究"，《北京体育大学学报》，2006（1）。

56. 费鹏、屠梅曾，"彩票的消费者行为分析"，《科学·经济·社会》，2002 年第 3 期。

57. 冯家超，"博彩经济理论综合分析"，《澳门研究》，第 23 期。

58. 高强，"从经济学角度审视博彩现象"，《陕西经贸学院学报》，2001 年 5 月。

59. 龚玉霞，"理性发展彩票业"，《北京体育大学学报》，2006 年 7 月。

60. 郭均鹏、李婷、李汉华、高峰，"我国建立博彩区域中心的探讨"，《天津大学学报（社会科学版）》，2008 年 11 月。

61. 郭小东、刘长生，"澳门博彩业的经济带动能力及其产业政策取向分析"，《国际经贸探索》，2009 年 8 月。

62. 胡家瑞，"中国福利彩票'3D'销量影响因素的实证分析"，《法制与社会》，2008 年 4 月。

63. 贾晨、谢衷洁，"中国福利彩票销售额影响因素分析与基于残差主成分分析的预测"，《数理统计与管理》，2009（2）。

64. 柯晶莹，"澳门回归十年博彩业实证研究"，《特区经济》，2010 年 3 月。

65. 廉向军，"中国彩票市场分析"，《中国彩票年鉴 2006》，2007。

66. 刘晶、闫华，"中外体育博彩研究现状分析"，《上海体育学院学报》，2010 年 7 月。

67. 刘嫚、刘滨，"我国博彩业全面开放的可行性分析"，《北方经济》，2010 年。

68. 刘五书，"我国彩票业的发展与规范"，《中国财政》，2002 年第 6 期。

69. 李刚，"彩票人均销量的决定因素和我国彩票市场发展趋势的预测"，《体育科学》，2006 年第 12 期。

70. 李刚，"欧美各国彩票业的发展历程及其对中国的启示"，《武汉体育学院学报》，2007 年 3 月。

71. 李文娟、袁永生，"基于分层变换筛选拟合法的中国福利彩票销售额影响因素的分析"，《贵州大学学报（自然科学版）》，2009 年 12 月。

72. 李海、曾雯彬，"从'奥运即开票'的发行看我国即开型体育彩票的营销策略"，《武汉体育学院学校》，2008 年 12 月。

73. 李永明，"澳门博彩业初探"，《亚太经济》，2000 年第 1 期。

74. 李涛、周开国，"邻里效应、满意度与博彩参与"，《金融研究》，2006 年 9 月。

75. 毛艳华，"澳门经济适度多元化：内涵、路径与政策"，《中山大学学报》，2009 年 5 月。

76. 齐斌，"产业融合背景下博彩业的发展趋势"，《商场现代化》，2006 年 9 月（下旬刊）。

77. 阮建中，"欧美博彩旅游业研究述评"，《旅游学刊》，2010 年第 9 期。

78. 孙晓光、吴育华，"我国彩票业对经济的影响分析"，《西北农林科技大学学报（社会科学版）》，2004 年 8 月。

79. 孙强、郑重，"赌博与博彩概念界定"，《吉林公安高等专科学校学报》，2011 年 8 月。

80. 滕玮峰，"休闲产业发展背景下对博彩业的再认识"，《商业时代》，2009 年 33 期。

81. 淦未宇、仲伟周、徐细雄，"我国彩票发行的市场结构效率分析"，《西安交大学学报（社会科学版）》，2006 年 06 期。

82. 王瑞军，"中国博彩业的现状及其经济学分析"，《内蒙古师范大学学报（哲学社会科学版）》，2006 年 9 月。

83. 王晔、张锦年，"彩票经济与管理创新研究"，《天津师范大学学报

（社会科学版）》2004 年第 1 期。

84. 王薛红，"中国彩票业的发展与政策研究"，《财政研究》，2006 年 9 月。

85. 王五一，"为什么赌场越建越豪华？"，《澳门博彩》，2007 年第 5 期。

86. 王亮，"博彩旅游业外文文献研究综述"，《北京第二外国语学院学报》，2011 年第 1 期。

87. 文子房，"新加坡的彩票发行管理"，《中国福利彩票》，2012 年 2 月。

88. 吴殿廷、史培军、梁进社，"澳门产业经济发展战略研究"，《广东社会科学》，2001 年 1 月。

89. 熊鹏，"中国'彩票经济'发展的理性思考"，《当代财经》，2003 年 2 月。

90. 杨银海，"我国彩票业的现状、问题及对策"，《南京经济学院学报》，2003 年。

91. 郁佳敏、王浣尘，"彩票的效用分析与定价"，《系统工程理论方法应用》，2002 年 6 月。

92. 袁长青、杨小婉，"经济视角下澳门高等教育发展的历史与现状"，《国际经贸探索》，2011 年 2 月。

93. 袁持平、赵玉清、郭卉，"澳门产业适度多元化的宏观经济学分析"，《华南师范大学学报（社会科学版）》，2009 年 12 月。

94. 邹小山，"国际博彩业发展的新趋势及其监管"，《国际经贸探索》，2004 年 5 月。

95. 左连村、徐久香、蔡双，"澳门博彩业发展的若干思考"，《经济前沿》，2008 年。

96. 周白玉，"博彩业与旅游业"，《中华文化论坛》，2009 年 S1 期。

97. 武永胜，"彩票的经济学分析"，《河北经贸大学学报》，2000 年第 6 期。

98. 张亦春、周艳，"中国博彩市场的两难选择"，《福建论坛·人文社会科学版》，2006 年 12 期。

99. 张湛彬，"博彩品种的适度供给与市场、政府约束"，《北华大学学报（社会科学版）》，2002 年 6 月。

100. 张攀春，"彩票经济的边际效用分析"，《特区经济》，2010 年 6 月。

101. 张雷，"基于虚拟经济视角的博彩业研究——以澳门博彩业为例"，《开放导报》，2009 年 6 月。

102. 张亚维，"观念、学历、环境和博彩行为"，《世界经济》，2007 年第 6 期。

103. 张玉超，"我国体育彩票近十年发行现状与对策研究"，《北京体育大学学报》，2004 年第 5 期。

104. 曾忠禄、张冬梅，"彩票购买者特征实证分析"，《商业时代》，2006 年第 29 期。

105. 曾忠禄，"澳门博彩业的利益相关者：分析与建议"，《亚太经济》，2008 第 6 期。

106. 钟天朗，"上海市体育彩票市场的现状、影响因素及发展对策"，《上海体育学院学报》，2003 年 10 月。

107. 朱彤、余晖，"彩票市场的竞争性质与我国彩票监管体制重构"，《中国工业经济》，2004 年第 4 期。

108. 朱新力、唐明良，"政府对彩票业的法律规制"，《浙江大学学报（人文社会科学版）》，2006 年 3 月。

109. 朱小明，"我国体育彩票发展对策研究"，《武汉体育学院学报》，2001 年 3 月。

110. 朱小明，"我国体育彩票发展的对策研究"，《体育科学》，2002 年 2 月。

二、英文文献

111. Aborn Richar & Bennett John, *Gambling: who's really at risk?*, http://www.cassny.com, 2005.

112. Andersen Kurt, *Las Vegas*, *U.S.A*, Time, 10 January 1994.

113. Arthur Andersen, *Economic Impacts of Casino Gaming in the United States*, Volume 2 :Micro Study. Washington, D.C.: American Gaming Association, 1997.

114. Braunlich, C.G., *Lessons from the Atlantic City Casino Experience*. Journal of Travel Research, Vol.34, Iss.3, winter, 1996.

115. Balabanis, George, *The Relationship between Lottery Ticket and Scratch-Card Buying Behavior: 6.Personality and other Compulsive Behaviors*. Journal of Consumer Behavior, 2002.

116. Becker, Gary S; Kevin M. Murphy & Ivan Werning. Sta-tus. *Lotteries and Inequality*. University of Chicago. George G. Stigler Center for Study of Economy and State 160. Chicago Center for Study of Economy and State, 2000.

117. Becker, Gary Stanley; Murphy, Kevin M and Werning, Ivan. *Status, lotteries and inequality*. Working paper of George J. Stigler Center for the Study of the Economy and the State University of Chicago, 2000.

118. Borg, Mary O. & Paul M. Mason, *The Budgetary Incidence of a Lottery to Support Education*. National Tax Journal, 1988.

119. Beenstock et al., *The Optimal Lottery Tax*, the Hebrew University of Jerusa-lem, mimeos, 1999.

120. Creigh-Tyte, S., *Building a National Lottery. Reviewing the British Experience*. Journal of Gambling Studia, 1996, 13:321-341.

121. Cargill, Thomas, & Eadington, William R., *Nevada's Gaming Revenue-*

Time Characteristics and Forecasting. Management Science, 1978, Vol.24, No.12.

122. Clotfelter, Charles T., & Philip J.Cook, *The Gambler's Fallacy' in Lottery Play.* Management Science, 1993, Vol. 39, 1521.

123. Davidson Russell, James G. Mckinnon, *Econometric Theory and Methods.* New York: Oxford University Press, 2004.

124. Driscoll J C, Kraay A C, *Consistent covariance matrix estimation with spatially dependent panel data.* Review of Economics and Statistics, 1998, 804, 549–560.

125. Denis P. Rudd & Lincoln H. Marshall, *Introduction to Casino & Gaming Operations*, Second Edition, Prentice Hall., 1999.

126. Douglas M.Walker, *The Economics of Casino Gambling.* Springer, 2007.

127. Dowie, J, *On the efficiency and equity of betting markets.* Economica, 1976.

128. Eadington, William R. Recent, *National Trends in the Casino Gaming Industry and Their Implications for the Economy of Nevada.* University of Nevada, Las Vegas, Special Collection., 1992, 14pp.

129. Eadington, William R., *Contributions of casino style gambling to local communities.* Annals of the American Academy of Political and Social Sciences Vol.565, 1998.

130. Economics Research Associates, *Economic Benefits of Gaming Sites in Chicago .Chicago*, Ill: Economic Research Associates, 1994, 54pp.

131. Enrico Diecidue et al., *The Utility of Gambling Reconsidered*, Journal of Risk and Uncertainty, No. 3, 2003.

132. Eddie Dekel, *on the Evolution of Attitudes towards Risk in Winner Take-All Games*, Journal of Economic Theory, No. 87, 1987.

133. Friedman & Savage, *The Utility Analysis of Choices Involving Risk*, Journal of Political Economy, Aug.1948.

134. Goodman Robert, *Legalized Gambling as a Strategy for Economic Development.* Northampton, Mass.: United States Gambling Study, 222pp, 1994.

135. Galdwell, G. et al. (eds), *Gambling in Australia*, Sydney: Groom Helm., 1985.

136. Goodman, Robert., *The Luck Business: The Devastating Consequences and Broken Promises of America's Gambling Explosion*, Martin Kessler Books, The Free Press, 1995.

137. Grinols, E.L & D.B. Mustard, *Management and information issues for industries with externalities: The case of casino gambling.* Managerial and Decision Economics, 2001, Vol. 22.

138. Grinols, E.L., & D.B. Mustard, *Casinos, Crime, & Community Costs.* Working Paper, 2005.

139. GARRETT, THOMAS A, *An Int Comparison and Analysis of Lotteries and The Distribution of Lottery Expenditures.*Int Rev Appl Eco, 2001, 15 (2).

140. Garrett, Thomas A & Russell S. Sobel., *Gamblers favor Skewness not risk: Further evidence from United States Lottery Games*, Economics Letters, April 1999.

141. Harrah's Survey, *Harrah's survey of casino entertainment.*, 2004.

142. Ian Walker&Juliet Young, *The Dummies Guide' to Lottery Design*, Journal of Economic Literature, No. 4, 2000.

143. Ian Walker & Juliet Young, *An Economist's Guide to Lottery Design*, Royal Economic Society, 2001.

144. Melissa Kearney, *State lotteries and Consumer Behavior*, Journal of

Economic Perspectives. No. 3, 2002.

145. John, Anderson, *Casino taxation in United States.* National Tax Journal Vol. LV, No.2, 2005.

146. Juliet Young, *The Effect of Higher Moments on the Demand for Lottery Tick- ets*, MSc Dissertation, University of Warwick, 2000.

147. Stephen Creigh & Lisa Farrell, *The Economics of the National Lottery*, Keele Economics Research Papers, 1998.

148. Scoggins, *The Lotto and Expected Net Revenue*, National Tax Journal, 1995.

149. Kathryn Hashimoto, Sheryl Fried Kline, George G. Fenich.*Casino Management/Past/Present/Future* . Second edition, Kendall/Hunt Publishing Company., 2000.

150. Kaiselerm J, Faustinoh C, *Lottery sales and per-capita GDP: An invertedu relationship* .WP 41/2008. 2008.

151. Leighton Vaughan Williams, *The Economics of Gambling.* Routledge, 2003.

152. Madalina Diaconu, *International Trade in Gambling services.* Wolters Kluwer Law & Business, 2010.

153. Memphis, Tenn, *Economic Impacts of Casino Gambling*, 1994, 6 pp.

154. Melissa, S. Kearney, *State Lotteries and consumer behavior.* NBER working paper 9330, National Bureau of Economic Research, Cambridge, MA., 2002.

155. Matheson, Victor A. & Kent R. Grote, *Jacking up the Jackpot. Are Lotto Consumers Fooled by Annuity Pay-ments?* Public Finance Review, 2003, 31（5）:550–567.

156. Mikesell.John, *State Lottery Sales and Economic Activity.*National Tax

J，1994，47:165-171.

157. Ng，Yew. K.，*Why do People Buy Lottery Tickets? Choices Involving Risk and the Indivisibility of Expenditure*，Journal of Political Economy，May 1965.

158. National Opinion Research Center，*Gambling Impact and Behavior Study.* Prepared for the National Gambling Impact Study Commission，1999.

159. Newark，N.J.Touche Ross & Co，*Casino Industry's Economic Impact on New Jersey*: 64，1987.

160. Peter Collins，*Gambling and the Public Interest.* Praeger，2003.

161. Perdue，Long & Kang，*Boomtown Tourism and Resident Quality of Life: The Marketing of Gaming to Host Community Residents.* Journal of Business Research，1999，Vol. 44.

162. Pesaran M H，*General diagnostic tests for cross section dependence in panels.* Cambridge Working Papers in Economics No. 0435，Faculty of Economics，2004，University of Cambridge.

163. Price，Donald，E Shawn Novak，*The Income Redistribution Effects of Texas State Lottery Games.*Public Finance Rev，2000，28（1）:82-92.

164. Price Donald & E.Shawn Novak，*The Tax Incidence of Three Texas Lottery Games. Regressivity:Race and Educa-tion.* National Tax Journal，1999，52:741-752.

165. Rubin，*An Evolutionary Model of Taste for Risk*，Economic Inquiry，Oxford University Press，Vol. 17（4），1979，pp. 585-596.

166. Roger Hartley & Lisa Farrell，*Can Expected Utility Theory Explain Gambling?*，American Economic Review，No. 3，1992.

167. Richard A Mcgowan，*The Gambling Debate.* Greenwood，2008.

168. Ron Depolo & Mark Pingle，*Nevada Gaming-Revenue and Taxes:1945-1995.*

Journal of Gambling Studies，1997，Vol.13（1）.

169. Rubenstein, Ross. & Benjamin P. Scafidi.*Who Pays and Who Benefits? Examining the Distributional Consequences of the Georgia Lottery for Education*. National Tax Journal, 2000, 53（2）:223–238.

170. Siegel, Donald & Gary Anders. *The Impact of Indian Casi-nos on State Lotteries:A Case Study of Arizona*. Public Finance Review, 2001, 29（2）:139–147.

171. Tom Coryn, Cyrille Fijnaut, Alan Littler. *Economic Aspects of Gambling Regulation EU and ES Perspectives*. Martinus Nijhoff, 2008.

172. Thompson, William Norman, *Legalized Gambling, Tourism, Economic Development: Inputs and Outputs*. Stupid. University of Nevada, Las Vegas, Special Collections, 1993, 33pp.

173. U.S.General Accounting Office, *Impact of Gambling: Economic Effects More Measurable than Social Effects*, Washington D.C., 2000.

174. William F.Harrah, college of Hotel Administration. *The Gaming industry introduction and perspectives*. John Wiley&Sons, 1996.

175. Wooldridge Jeffrey M, *Econometric Analysis of Cross Section and Panel Data*. Cambridge and London: MIT Press, 2002.

176. Stephen Creigh & Lisa Farrell, *The Economics of the National Lottery*, Keele Economics Research Pa pers, Sep. 1998.

177. Scoggins, *The Lotto and Expected Net Revenue*, National Tax Journal, 1995.

178. Statman, Meir. *Lottery Player/stock Trader.FinancialAnalysts*, 2002.

后 记

若干年来，我国对赌博一向穷追猛打，不容置疑。然而当全球 70% 的国家纷纷开赌时，我国每年的经济损失数以万亿计，博彩成了他国无声无息攫取我国经济利益的金融工具。开赌还是禁赌？博彩业究竟是什么？是否真的像传统思维中那样恐怖？本研究试图揭开它的神秘面纱，以客观、理性的态度回答这些问题。

鉴于我国博彩业的发展局限，研究者实属少数，而从经济社会效应角度研究的就更为罕见。由于相关文献资料较少，加之本人研究水平有限，对我国博彩业的研究，只能说是一种尝试。但由于本书视角新颖，论证严谨，得出的结论和建议对业界学者和政府而言，仍具有一定的参考价值。博彩业在我国是一个朝阳行业，本书权当抛砖引玉，希望能引起同行对博彩产业兴趣和重视。

在本书付梓之际，衷心感谢中国人民大学经济学院高成兴教授、陈建教授、韩玉军教授以及美国内华达大学拉斯维加斯分校顾铮教授、澳门理工学院王五一教授和曾忠禄教授，还有北京大学王薛红博士给予的帮助！